AF130198

THORSTEN BROCKE

Ich war ein Pilger

Im Winter auf dem Jakobsweg

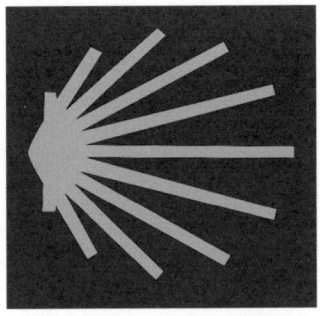

Ein Reisetagebuch

Bibliografische Informationen Der Deutschen Bibliothek

Die Deutsche Nationalbibliothek verzeichnet diese Publikation in der Deutschen Nationalbibliografie; detaillierte bibliografische Daten sind im Internet über http://dnb.d-nb.de abrufbar.

2. überarbeitete Auflage, März 2015
© 2015 Thorsten Brocke

Text und Fotos: Thorsten Brocke
Umschlaggestaltung und Layout: Thorsten Brocke
Lektorat: Janine Krasel, Marlies Krasel
Herstellung und Verlag: BoD - Books on Demand, Norderstedt

ISBN 978-3-73477-702-8
www.bod.de

In den einsamen Stunden, wenn der Gedanke an das Umdrehen, an das Aufhören fast übermächtig wird, dann begegnen sie den Pilgern.

Es sind diejenigen, die vor ihnen diesen Weg gegangen sind. Sie haben tiefe Furchen in den Boden getreten. Hohlwege, oft metertief und vom Ginster ganz verwachsen.

Diese Spur, diese Narbe, getränkt von Schweiß und Tränen, zieht sich schnurgerade über Berg und Tal ohne Umschweife nach Westen.

Es sind Tausende, ja Abertausende gewesen, die hier gegangen sind. Wo so viel gebetet, geflucht, gehofft und gefürchtet wurde, da bleibt etwas hängen. Da ist etwas im Rascheln der Blätter, im Wispern des Windes. Da ist ihr Geist zu spüren.

Detlef Willand

Inhaltsverzeichnis

Vorwort

Jedes Jahr laufen Tausende Menschen auf den Jakobswegen nach Santiago de Compostela. Manche starten wie vor hunderten Jahren an ihrer Haustür tausende Kilometer von Santiago entfernt, viele erst in Sarria, von wo es nur noch 100 km bis dorthin sind. Buchhandlungen, Bibliotheken und das Internet beherbergen eine Unzahl von Büchern und Berichten über diese Pfade. Somit stellt sich eine Frage: Was hat mich dazu veranlasst, dieser Sammlung noch ein Buch hinzuzufügen?

Nun, normalerweise werden Reiseberichte von Menschen verfasst, die das Begehen extremer Pfade zu ihrem Beruf gemacht haben. Herauskommen dann Reiseberichte über Weltumsegelungen, über die Durchquerung des grönländischen Inlandeises oder über die Eroberung des afrikanischen Kontinents mit dem Fahrrad. So inspirierend, anschaulich und unterhaltsam diese Reiseberichte sein mögen und wie gerne ich sie lese, so entstammen sie doch der Feder von Menschen, die dieses Leben zu ihrem Beruf gemacht haben: Sie leben davon, durch die Welt zu streifen und anschließend anderen davon zu berichten.

Die Leser ihrer Bücher hingegen gehen ganz alltäglichen Berufen nach. Sie gehen werktags zur Arbeit, sind Krankenschwester, Architekt oder Schreiner, spielen mit ihren Freunden abends im Sportverein Handball, gehen mit ihnen in Cafés und plaudern dort stundenlang und machen an den Wochenenden eine Hüttenwanderung in den Alpen, eine Radtour entlang der Elbe oder einfach nur täglich einen längeren Spaziergang mit ihrem Labrador.

Dieses Buch ist nicht von einem der oben beschriebenen Autoren. Es ist von einem dieser Leser. Als ich zu dieser Wanderung aufgebrochen bin, habe ich mit einer Wanderung gerechnet, wie ich sie schon häufig unternommen habe. Zwar sollte diese deutlich länger werden als alle vorherigen, aber davon mal abgesehen, erwartete ich nichts anderes als auf den Touren vergangener Jahre in Schweden, Irland oder den europäischen Alpen. Das war ein Irrtum.

Da waren so viele kleine Geschichten, so verschiedene Charaktere, so interessante Begegnungen, dass sich mein Tagebuch unterwegs mehr und mehr füllte. Während einer kalten Nacht in den Bergen von León beschloss ich, eines Tages die Geschichte dieser Reise in einem Buch zu erzählen.

Dies ist eine Geschichte darüber, dass das Außergewöhnliche nicht nur Abenteurern vorbehalten ist, sondern von jedem erfahren werden kann. Dies ist eine Einladung, von Zeit zu Zeit das alltägliche Leben für einige Wochen zu verlassen und Träume zu verwirklichen.

Deswegen habe ich das Buch geschrieben. Dies ist meine Geschichte.

Vor der Reise

Wie jede Reise, so fing auch diese weit in der Vergangenheit an. Mehrtageswanderungen, auf neudeutsch Trekking genannt, waren kein Neuland für mich, sondern sind in meinen Augen die intensivste Art zu reisen. So war es eigentlich nur eine Frage der Zeit, bis ich von den Jakobswegen hörte. Pilgerpfade, über tausend Jahre alt und noch immer begangen.

Ich kaufte mir Bücher über diese Wege und begann zu lesen. Die Pfade führen auch heute noch durch dünn besiedeltes Gebiet. Herbergen bieten dem Wanderer ein Dach über dem Kopf, ein Bett, eine Kochgelegenheit, eine Dusche. Meine bisherigen Pfade brachten es problemlos fertig, für Wochen Duschen weiträumig zu umgehen, und begnügten sich auch mal mit Lagerstätten unter freiem Sternenhimmel anstatt mit solide gemauerten Herbergen. Die Beschreibung der Etappen auf dem Jakobsweg las sich für mich wie der pure Luxus.

Und wie meine eigene, ganz private Hölle: In den Sommermonaten sollte der Weg schlicht und ergreifend überlaufen sein. Pilger, die bereits um vier Uhr morgens aufbrechen. Herbergen, die ab Mittag aus allen Nähten platzen. Lärm in den Schlafsälen, Unrat auf den Wegen. Diese Seite der Jakobswege ist fernab von jenem Erlebnis, das ich sonst suche: Die einsame Begegnung zwischen mir und der Landschaft. Das tagelange Treibenlassen meiner Gedanken, weil niemand in der Nähe ist, der sie beim Herumtollen stören könnte. Somit ergab sich nur eine Möglichkeit: Wenn ich den Jakobsweg laufen wollte, dann müsste es im Winter sein. Wenn viele der Herbergen geschlossen sind, nur wenige Pilger auf dem Camino unterwegs sind, und der Winter das kastilische Hochland in den Kälteschlaf versetzt.

Frühere Reisen in Südeuropa hatten mir einprägsam demonstriert, dass es schwer ist, sich dort ohne Kenntnisse der Landessprache zu verständigen. Somit würde eine Wanderung auf dem Jakobsweg nur möglich sein, wenn ich zumindest rudimentäre Kenntnisse der spanischen Sprache hätte. Ich begann also, mich an der örtlichen Volkshochschule einzuschreiben und freiwillig das zu tun, was ich zuletzt und nur unter Widerwillen in der Schule getan habe: Eine Sprache zu lernen.

Die Monate und Jahre gingen ins Land, doch die Idee, eines Tages den Camino Francés, den Jakobsweg von den Pyrenäen nach Santiago de Compostela und darüber hinaus bis zum Kap Finisterre zu laufen, blieb am Leben. Sie schlich sich in meine freien Stunden und ließ mich in Karten schmökern, Tagesetappen abstecken, Bus- und Flugpläne durchforsten. Meine nicht existierenden Französischkenntnisse empfahlen mir, nicht wie eigentlich üblich im französischen St. Jean Pied de Port zu starten, sondern erst auf der spanischen Seite der Pyrenäen auf den Weg zu stoßen. Pamplona bot sich an, dessen winziger Flughafen nur zwei Kilometer abseits des Navarrischen Weges liegt.

Ende des Jahres 2006 war es dann so weit: Mein aktuelles berufliches Projekt gönnte sich einen ausgiebigen Winterschlaf. Dies bot mir die Möglichkeit, meinen fälligen Urlaub zu nehmen und mich den Dezember über bis in die Nachweihnachtszeit hinein dem Jakobsweg zu widmen. Ich buchte einen Flug via Madrid nach Pamplona. Langjährige Erfahrung sorgte dafür, dass mein Rucksack diesmal verhältnismäßig klein und leicht ausfiel. (Auch wenn ich - wie auf jeder anderen Tour auch - wieder ein paar hundert Gramm identifizieren würde, die beim nächsten Mal nicht mehr mitkommen würden.) Ich fuhr an einem Samstagmorgen lange vor Sonnenaufgang zum Flughafen und machte mich auf den Weg nach Spanien.

Pamplona

Für mich sind Flugzeuge ein hervorragendes Schlafmittel. Die beiden Turbopropeller der DeHaviland Dash-8, in der ich von Madrid nach Pamplona flog, brummten zuverlässig und monoton vor sich hin. Die letzten Vorbereitungen und mein früher Aufbruch hatten dazu geführt, dass ich die Nacht über nicht viel Schlaf gefunden hatte, den ich jetzt im Flugzeug nachholte.

Ich wurde wach, als das Flugzeug mit seinem Sinkflug auf Pamplona begann. Die Löcher in der Wolkendecke waren größer geworden und boten Ausblick auf eine bewölkte und regenfeuchte Landschaft. Unser Kurs führte uns westlich des Puerto del Perdón nach Norden; jener Passhöhe, die ich am nächsten Tag überschreiten würde. Dann rollte das Flugzeug nach rechts und bot mir die Vogelperspektive auf die kurze Wegstrecke des heutigen Tages: Der Flughafen von Pamplona, die Straßen durch den Süden der Stadt hin zur Zitadella, die Wege nach Südwesten in den kleinen Ort Cizur Menor, in dem ich übernachten wollte. Im Geiste legte ich die Kartenskizzen in meinem Gepäck über diese Landschaft und freute mich, dass die Kundschaftermission im Internet erfolgreich gewesen war und alle Wege auch tatsächlich dort waren, wo sie sein sollten.

Das Flugzeug setzte auf, bremste und rollte zum Terminal. Pamplona hat nur einen kleinen Flughafen: Das Flugzeug stoppte vor dem kleinen Flughafengebäude, und die Passagiere liefen die letzten paar Meter, die in etwa der Spannweite unseres kleinen Flugzeuges entsprachen, zur Gepäckausgabe. Von dort aus schaute ich dann mit gespanntem Blick zu, ob es mein Rucksack ebenfalls geschafft hatte, in Madrid das Anschlussflugzeug zu erreichen. Das Ladepersonal kroch bereits tief in den kleinen Laderaum, um die letzten Gepäckstücke aus den Eingeweiden des Flugzeugs nach draußen zu befördern, als endlich auch jener knallrote Sack auf den Gepäckwagen geworfen wurde, der seit Jahren zuverlässig meine Rucksäcke vor der Unbarmherzigkeit automatischer Gepäcktransportbänder beschützt. Etwa fünf Minuten später hob ich eben diesen Sack vom Gepäckband und begann damit, all den Kleinkram, den ich nicht dem Laderaum anvertrauen wollte, aus meinen Hosentaschen in die Außentaschen meines Rucksacks umzuräumen.

Der Regionalflughafen von Pamplona war nicht größer als ein Supermarkt und bot einen ähnlich großen Parkplatz vor dem Terminal. Die nächste Bushaltestelle war 700 m von ihm entfernt, das Stadtzentrum Pamplonas nur etwa 3 km Luftlinie. Ich schulterte meinen Rucksack und lief den Zubringer hinunter zur mehrspurigen Straße, die der Stadt Autos nach Süden hin entzog und wieder zuführte.

An der Bushaltestelle angekommen verriet mir der dort aushängende Fahrplan, dass ich nun fünfzehn Minuten auf den nächsten Bus stadteinwärts zu warten hätte. Ich bin noch nie ein sehr geduldiger Mensch gewesen, wenn es darum ging, auf öffentliche Verkehrsmittel zu warten, und außerdem war ich schließlich hier, um zu laufen. Ich ließ die Bushaltestelle hinter mir, passierte das Nordende der Startbahn und betrat von Süden her Pamplona über die Calle de Esquiroz.

Am Stadtrand kramte ich die Jakobsmuschel aus meinem Rucksack, die ich mir für diese Reise beschafft hatte und befestigte sie an einem der Riemen. Der Legende nach hatten Anhänger des Santiago seinen Leichnam in Palästina geraubt, um ihn nach seinem Märtyrertod dorthin zu bringen, wo er zu Lebzeiten gewirkt hatte: In den Nordwesten der Iberischen Halbinsel. Per Schiff erreichten sie die Küste Galiciens und trugen den Leichnam durch die

14

Brandung an Land. Als sie aus dem Atlantik stiegen, war ihre Kleidung bedeckt mit Muscheln. Ursprünglich waren diese Muscheln der Beweis, dass es ein Pilger tatsächlich bis nach Santiago de Compostela oder besser gesagt bis ans Kap Finisterre geschafft hatte. Im Laufe der Zeit wurde es aber mehr und mehr Brauch, diese Muschel bereits von Anfang an als Zeichen der Pilgerfahrt an der Kleidung zu tragen. Ich wollte dieser Tradition folgen.

Dem ersten Eindruck nach schien die Stadt sich im Tiefschlaf zu befinden: Die Geschäfte waren geschlossen, nur wenige Menschen liefen durch die Straßen. Im Laufe meiner Reise sollte ich lernen, dass sich das öffentliche Leben Spaniens zwischen zwei und fünf Uhr am Nachmittag eine ausgiebige Pause gönnt.

Die Zitadelle, eine mittelalterliche Festung im Zentrum der Stadt, nutzte den touristenarmen Spätherbst für Strukturerhalt und kosmetische Maßnahmen. Baugerüste verbargen Teile der alten Mauern, vereinzelt beseitigten Arbeiter Wunden und Narben an den Gebäuden und stellten das alte Mauerwerk wieder her. Seitdem ich in meiner Jugend so ziemlich jedes Jugendbuch von Enid Blyton verschlungen habe, das die kleine Gemeinde-bibliothek meines Heimatortes zu bieten hatte, habe ich ein Faible für Ruinen, Burgen und sonstige mittelalterliche Festungsanlagen. Das stattfindende Facelifting dieser Gemäuer beraubte sie allerdings ihres historischen Charmes. Ich machte ein Foto von mir als Erinnerungen für den Aufbruch; mein Gesichtsausdruck auf diesem Bild wirkte griesgrämig und alles andere als enthusiastisch, passte aber hervorragend zum grauen Winterhimmel. Bis zum Sonnenuntergang war es nur noch weniger als eine Stunde, also machte ich mich auf den Weg nach Cizur Menor.

Der aus Internetfundstücken zusammengesetzte Stadtplan führte mich zuverlässig zur (meiner) ersten Markierung des Jakobsweges: Ein gelber Pfeil an einem Laternenpfahl in der Calle Fuente del Hierro. Ich wusste es damals noch nicht, aber diese gelben Pfeile würden mich bis ans Ende der Welt begleiten. Keine zweihundert Meter später fand sich auch ein Hinweisschild mit einer stilisierten Jakobsmuschel. Ich war auf dem richtigen Weg.

Auf dem Weg in die Stadt hatte ich den Ostrand der Universität gestreift, nun passierte ich den Westrand. Ein großes Schild verwies Pilger zum Sekretariat, wo sie ihren Pilgerpass stempeln lassen konnten. Dieser Pilgerpass (eigentlich Credential genannt) weist den Pilger als solchen aus und erlaubt ihm, in den Herbergen entlang des Jakobsweges zu übernachten. Meinen hatte ich mir im Zuge meiner Reisevorbereitungen von einer Jakobusgesellschaft ausstellen lassen, die sich freundlicherweise auch nicht an der Tatsache störte, dass ich als Agnostiker nicht aus religiösen Gründen nach Santiago de Compostela laufen wollte. Es begann zu nieseln. Ich befragte meinen Wanderführer, ob dieser Umweg von bestimmt fünfhundert Metern denn wirklich nötig wäre. Er beruhigte mich mit dem Hinweis, dass der Pilgerpass üblicherweise in den Herbergen gestempelt wird und der Besuch zusätzlicher Stempelstellen optional ist.

Der Regen nahm zu und veranlasste mich, meinen Rucksack erstmal mit seiner Regenhülle vor dem Durchnässtwerden zu schützen. Der Weg nach Cizur Menor führte über einen Fußweg neben einer wenig befahrenen Landstraße. Ich brauchte etwa dreißig Minuten für die zwei Kilometer. Die Regenwolken verbargen auch den Sonnenuntergang, so dass sich das Ende des Tages nur durch das immer schwächer werdende Tageslicht ankündigte. Als ich den Ortsrand von Cizur Menor erreichte, war es bereits dunkel.

Im Ort gibt es zwei Pilgerherbergen: Eine wird vom Malteserorden betrieben und öffnet nur im Sommer ihre Türen, die andere ist privat und unter der Obhut von Doña Maribel. Sie hatte mir zuvor auf meine Anfrage per e-Mail bestätigt, dass ihre Herberge auch geöffnet sein würde. Das war mein Ziel für die Nacht.

Im Ortszentrum verwies ein Schild auf die alte Dorfkirche und ein weiteres in gleicher Richtung auf eine der beiden Herbergen, erkennbar war aber nicht, auf welche. Nach der Beschreibung meines Wanderführers lag "meine" Herberge irgendwo rechts der Hauptstraße. Nachdem ich in dieser Richtung bis zur Kirche gelaufen war, stand fest, dass ich die Herberge bereits unerkannter Weise passiert hatte.

Eine ältere Dame kam mit Tüten beladen die Steigung hinauf. Sie fing meinen fragenden Blick ein und fragte mich, ob ich ein Pilger sei und die Herberge suchen würde. So hatte ich mein erstes linguistisches Erfolgserlebnis: Ich konnte die Einheimischen verstehen. Zumindest teilweise. Aber zumindest genügend Teile, um mir aus diesem Puzzle den Sinn ihrer Rede zu erschließen. Innerlich zufrieden grinsend beantwortete ich ihre Frage mit einem "Si, soy un peregrino." Ja, ich bin ein Pilger. Sie zeigte daraufhin auf ein etwa 100 Meter entferntes, unbeleuchtetes Gebäude und erklärte mir, dass dies die Herberge sei und der Eingang auf der Rückseite zu finden sei.

Ich bedankte mich artig und machte mich auf den Weg. Ich hatte dieses Gebäude passiert, ohne es als Herberge zu erkennen. Beim zweiten Versuch fand ich allerdings auch das Schild an der Wand, das auf die Berufung dieses Hauses als Pilgerherberge hinwies. Der Haupteingang erwies sich als ein großes, zweiflügeliges Tor, das in einen Windfang führte. Ich rief ein zaghaftes "¿Hola? ¿Buenos tardes?" in die Dunkelheit und wartete.

Entgegen meiner Erwartung öffnete sich nicht die Tür im Windfang, sondern die Gartentür links neben mir und entließ eine Frau mittleren Alters. Etwas aus der Fassung gebracht stammelte ich mein bereitgelegtes Sprüchlein: "Soy un peregrino. Quería una cama por la noche, por favour." Ich bin ein Pilger. Ich möchte bitte ein Bett für die Nacht. Sie nickte und bedeutete mir, ihr zu folgen. Dann fragte sie nach meiner Herkunft. Ich offenbarte mich als Deutscher, sie fragte mich nach meinen Spanischkenntnissen. Ich stufte sie bestenfalls als rudimentär ein ("Hablo un pocito español."), worauf sie sich erst in fließendem Englisch dafür entschuldigte, leider kein Deutsch zu sprechen, und mich dann um mein Credential bat. So bekam ich erstmal meinen ersten Stempel in den Pilgerausweis, anschließend führte sie mich zu den Herbergsräumen. Damit hatte ich nicht gerechnet: Zwei Jahre lang hatte ich Spanisch gebüffelt, und nun parlierte ich mit Doña Maribel in fließendem Englisch anstatt in holprigem Castillano.

Dieses große, scheinbar unbewohnte Haus entpuppte sich als ein alter Bauernhof. Meine Herbergsmutter bewohnte das Haupthaus, in einem Nebenflügel befand sich die Pilgerherberge. Es gab einen Getränkeautomaten, einen Kaffeeautomaten und einen Automaten für kleine Snacks. Außerdem würde das Restaurant am Dorfplatz preiswerte Pilgermenüs anbieten, erzählte sie mir. Um die ersten Tage autark sein zu können, hatte ich Proviant für drei Tage mitgenommen, vom Hungertod war ich augenblicklich also nicht bedroht. Außerdem war ich nass und müde.

Zu meiner Überraschung war die Herberge bei weitem nicht so leer, wie ich erwartet hatte: Ein Pärchen aus Spanien und ein weiteres aus Frankreich waren bereits dort, des Weiteren ein Kanadier und ein US-Amerikaner. Nasse Kleidung hing an Kleiderständern und Dachsparren, durchnässte Wanderschuhe kuschelten sich an ein gasbetriebenes Heizgerät. Die Herberge war nahezu voll, und im Laufe des Abends sollten noch später eintreffende Pilger die noch leeren Betten belegen.

Ich suchte für meine nasse Fleecejacke einen freien Dachsparren zum Trocknen und dann die Dusche auf. Offensichtlich hatte diese seit längerer Zeit nicht mehr Bekanntschaft mit einem Anfall von Putzwut gemacht; ein Eindruck, der sich nicht mit dem Kommentar in meinem Herbergsverzeichnis deckte, dass dies eine besonders saubere Herberge sei. Ich hoffte einfach mal, dass dieses Etablissement einen Ausreißer nach unten darstellte und genoss eine heiße Dusche.

Auch um die Küche hatten Putzmittel seit längerer Zeit einen Umweg gemacht. Entweder das, oder der Brauch des Abspülens von schmutzigem Geschirr war nicht allen Pilgern geläufig. Ich bearbeitete erstmal eine Pfanne mit Stahlwolle und begann mit der Zubereitung meines bevorzugten Reiseessens: Nudeln mit Soße. Wasser in die Pfanne, Nudeln und Soßenpulver hinzu, Kochen bis die Nudeln bissfest sind und die Soße sämig ist und das Ganze gelegentlich umrühren. Das "gelegentlich umrühren" erforderte erstmal einen Abstecher zu meinem Rucksack, der im Gegensatz zur Küche einen Löffel vorweisen konnte.

Die beiden dem nordamerikanischen Kontinent entstammenden Pilger hatten einen Satz Schachfiguren aufgetrieben. Das fehlende Brett wurde kurzerhand auf einem Blatt Papier abgesteckt, das Fehlen schwarzer Felder als besondere Herausforderung der beiden Kontrahenten ausgelegt. Ich füllte meinen Magen und beobachtete die beiden Hobby-Kasparovs bei ihren Eröffnungen.

Ich habe früher sehr häufig Schach gespielt und mich auch für einen ganz brauchbaren Spieler gehalten. Zumindest solange, bis ich während meiner Schulzeit an einem

Schüleraustausch mit unserer russischen Partnerstadt Sergiev Posad teilnahm und dort eine Einladung zum Schachspiel gegen meinen Gastvater annahm. Zehn Minuten und viel zu viele verlorene Figuren später stellte ich damals fest, dass man als Nichtrusse nicht gegen Russen Schach spielen sollte. Es sei denn, man verliert gerne. Es war für mich trotzdem entspannend, dem schweigenden Duell der beiden Pilger zuzusehen.

Es wurde nur durch das Auftauchen von Doña Maribel kurz unterbrochen. Der Kanadier hatte sich über die nachlassende Dämpfung seiner Wanderschuhe beklagt und geschildert, wie schmerzhaft dies für seine Füße sei. Unsere Herbergsmutter hatte die Lösung in der Hand, und zwar zwei dicke Damenbinden. Sie bemächtigte sich der kanadischen Einlegesohlen, klebte je eine Binde darauf und schlug deren Flügel unter die Sohle um. Nachdem mir mal jemand erklärt hat, wie man nur mit einem Tampon und ein wenig Asche ein Lagerfeuer entzündet, hätte mich eigentlich nichts mehr verwundern sollen; ich musste aber trotzdem schmunzeln. Doña Maribel zeigte das typische Grinsen pragmatischer Menschen, gab dem Kanadier seine nun deutlich besser gepolsterten Sohlen zurück, wünschte uns eine gute Nacht und zog sich wieder in ihre Gemächer zurück.

Nachdem ich nun mein Bedürfnis nach einer heißen Dusche und einem gefüllten Magen gestillt hatte, kam ich meinem Bedürfnis nach Schlaf nach. Ich kroch in meinen Schlafsack, zog die Kapuze über den Kopf und wachte erst elf Stunden später wieder auf.

Lorca

Es war deutlich vor Sonnenaufgang, als ich aus dem Schlafsack kroch. Auch die anderen Pilger erwachten langsam und begannen, ihre Rucksäcke zu packen. Ich finde, es ist eine eigene Kunst, einen Rucksack zu füllen. Evolutionär entwickelt jeder sein eigenes System, seinen Reisegefährten zu befüllen. So, dass die Regenkleidung jederzeit erreichbar ist, der Tagesproviant schnell herausgezogen ist und man selbst im Stockfinsteren mit einem Griff die Stirnlampe finden kann. Ich verbrachte vor einer Tour immer Stunden damit, mein ganz eigenes System den individuellen Anforderungen einer Reise anzupassen. Wenn dieses System erstmal existiert, muss man es nur noch bewahren.

Die Sandalen und der Schlafsack verschwanden im Bodenfach, Kleidung und Proviant im Hauptfach. Meine Tasche für Krimskrams wie die Zahnbürste, Medikamente, Nähzeug, Verbandsmaterial und Wäscheklammern verkrümelten sich ins Deckelfach. Die Bars im Dorf würden erst später am Tag öffnen, das Frühaufstehen ist definitiv nicht von den Spaniern erfunden worden. Ich steckte mir eine Packung trockene Kekse als Frühstück in die Oberschenkeltasche meiner Trekkinghose, wünschte den anderen Pilgern noch ein "¡Buen camino!" und brach auf.

Die Dämmerung war gerade so weit fortgeschritten, dass die Sonne knapp unter dem Horizont stand. Als ich einige hundert Meter außerhalb von Cizur Menor auf den Bergkamm im Westen zulief, hievte sie sich über den Horizont. Die Regenwolken des gestrigen Tages waren nicht verschwunden, sie hatten sich nur besser verteilt und bildeten eine geschlossene Wolkendecke etwa 200 Meter über der Landschaft. Der Weg stieg sanft an und erreichte entlang weiter Felder eine Kreuzung kurz vor Zaraquiegui. Die Wegmarkierungen wiesen mich an, geradeaus weiterzugehen; ich ignorierte sie und bog links ab. Diese Abzweigung endete nach etwa einhundert Metern an einem umzäunten Grundstück auf einer kleinen Kuppe, und zwar vor dem Ortsfriedhof.

Ich mag Friedhöfe. Sie sind ein Ort der Erinnerung, ein Monument für vergangene Leben. In meiner Heimat ist es Brauch, den Toten eine Kerze auf ihr Grab zu stellen. Im Dunkeln verwandeln diese die Grabstätten in ein Meer aus Lichtern. Eine Kerze für jedes Grab. Jede Flamme ein Zeichen dafür, dass die hier begrabenen Menschen zwar tot aber nicht vergessen sind. In Spanien sind Erdbestattungen nicht gebräuchlich, die Särge werden eingemauert. Zu meiner Überraschung fand ich den Friedhof verschlossen vor. In was für einem Land ist es notwendig, den Zugang zu einem Friedhof zu verhindern? Auch ist es in Deutschland nicht üblich, Friedhöfe außerhalb der Orte anzulegen. In alten Orten befinden sie sich neben der Kirche, die auch zugleich den Mittelpunkt des Ortes markiert. In jüngeren Ansiedlungen am Ortsrand. Hier jedoch war es noch ein guter Kilometer bis zu den ersten Häusern des Ortes. Fast so, als hätten die Menschen Angst vor den Geistern ihrer Toten.

Mehrere Pilger passierten mich, als ich auf der Hügelkuppe stand. Ich winkte ihnen zu und machte mich daran, ihnen zu folgen. Kurz darauf erreichte ich den kleinen Weiler Zaraquiegui. Die Straßen waren menschenleer, an einem Sonntagmorgen war kurz vor zehn Uhr niemand auf den Straßen zu sehen. Die Dorfkirche fand ich verschlossen vor. Ich kann mich nicht erinnern, jemals in Deutschland vor einer verschlossenen Kirche gestanden zu haben. Dort war es mindestens möglich, in einen Vorraum zu gelangen, von dem man aus die Architektur des Gebäudes in Augenschein nehmen konnte. Ich genieße gerne die andächtige Ruhe in einer Kirche. Wie ich auf meiner Reise feststellen sollte, stellen unverschlossene Kirchen in Spanien die Ausnahme dar. Zu einigen von ihnen ist (außerhalb der Gottesdienste) der Zutritt sogar nur kostenpflichtig möglich.

Der Weg führte einmal quer durch den Ort und stieg weiterhin sanft an. Nach kurzer Zeit wies die Wegmarkierung in zwei Richtungen: Radfahrer wurden gebeten, auf dem Feldweg zu bleiben, Fußwanderer steil den Hang hinauf geschickt. Ich seufzte und begann mit dem Anstieg. Durch den Regen der vergangenen Tage war der Weg sehr schlammig geworden, schon bald ballte sich das Erdreich an meinen Schuhen. Nicht nur das zusätzliche Gewicht machte den Aufstieg nicht gerade einfacher, auch füllte der Schlamm das Profil meiner Wanderschuhe und vernichtete ihre Griffigkeit. Mehr schlitternd als gehend erklomm ich die Anhöhe.

Bald erreichte ich die Wolkendecke, ich verschwand in ihr und somit auch die Aussicht auf das Tal des Río Arga, in dem Pamplona liegt. Die Sichtweite lag unter fünfzig Metern, der Weg wurde steiniger. Somit ließ zumindest das Gefühl nach, über zu gut gebohnertes Parkett zu laufen. Die Passhöhe des Puerto del Perdón kündigte sich durch das Surren der Windkraftanlagen auf dem Kamm an. Kräftig durchschnitten die Rotoren den Nebel. Der Figurenpark, der eine Gruppe Pilger zu Fuß und zu Pferde darstellt, erschien von Wolken verhüllt sehr realistisch: Die einem Schattenspiel nicht unähnlichen Figuren zeigten sich nur als bewegungslose Konturen im Nebel, die nach Westen zu ziehen schienen.

Leicht geschwitzt vom Aufstieg war die Passhöhe der falsche Aufenthaltsort. Der Windpark war dort installiert worden, weil beständig ein kräftiger Wind aus La Rioja nach Navarra hineinströmt. Ich zog meinen Wanderführer zu Rate. Er empfahl, nach Regen nicht auf dem Camino abzusteigen, sondern den Kamm entlangzugehen und über die Straße abzusteigen. Ein Blick auf die Karte ergab, dass dies einen Umweg von mindestens drei Kilometern darstellte. Ein Blick auf den Weg nach Westen brachte mich zu der Ansicht, dass der Wanderführer vielleicht ein wenig übervorsichtig formuliert war.

Der US-Amerikaner war vor mir auf dem Kamm angekommen. Er hatte seinen Rucksack vor einem Monument abgestellt und wollte auf den Kanadier warten. Er zog sein Tagebuch aus seinem Rucksack, setzte sich auf einen großen Stein mitten auf dem Weg und mit Blick auf die stilisierten Figuren und versuchte nun, sich in eine Fleecedecke zu hüllen. Er kämpfte mit dem Wind. Ich griff in die Schlacht ein und legte ihm die Decke auf den Rücken. Ich hätte mich nach diesem Anstieg zumindest in den Windschatten des Monumentes verzogen, um eine Auskühlung durch den Wind zu verhindern, aber solche Erfahrungen muss man wohl erstmal selbst machen. Ich begann mit dem Abstieg.

Steil und steinig führte der Weg den Hang hinunter. Bereits nach wenigen Metern boten etwa drei Meter hohe Büsche Deckung vor dem Wind. Der Bergpfad weitete sich, wurde zum Feldweg und führte entlang Felder und Wiesen in den kleinen Ort Uterga. Das Dorf schien im Winterschlaf zu liegen, Nebel hatte sich in den Straßen verfangen, keine Menschenseele war zu sehen, und Stille hatte sich ausgebreitet. Ich kam an einer Herberge vorbei, die nicht in meinem Herbergsführer verzeichnet war. Nicht dass mich das störte, sie war ohnehin geschlossen. Diesen Anblick durfte ich in den nächsten Wochen noch häufiger genießen.

Ich verließ das Dorf und folgte einem schmalen Pfad. Ein Quad schob sich lärmend an mir vorbei, ich sah seine Spuren noch häufiger in den nächsten Tagen. Der Camino ist schon für Radfahrer an einigen Stellen nur schwer befahrbar; das Pärchen auf diesem Gefährt schien sich jedoch vorgenommen zu haben, den jahrtausendalten Pilgerweg motorisiert zurückzulegen. Zum Glück sollte es das erste und letzte Mal gewesen sein, dass mir ein solches Gefährt auf den schmalen Pfaden außerhalb der Ortschaften begegneten.

Der Weiler Muruzábal war bald erreicht. Hier verließ ich den Weg, mein Wanderführer hatte etwas von einer Templerkirche erzählt, die drei Kilometer entfernt am Aragonesischen Weg lag. Ich kramte mein GPS aus dem Rucksack um sicherzustellen, dass ich in dem dichten, erbsensuppenartigen Nebel nicht verloren gehen würde. (Mein Orientierungssinn ist zwar recht gut ausgeprägt, warum aber Risiken eingehen, wenn man sie vermeiden kann?) Meine Sorge war unbegründet; schon bald wiesen Zeichen auf Hauswänden und Schilder an den Wegekreuzungen darauf hin, welchem Weg man folgen muss, um nach Eunate zu kommen.

Für die drei Kilometer durch Weinfelder brauchte ich etwas mehr als 40 Minuten. Wie sich herausstellte, lag die Kirche nahe einer Landstraße, einige Fahrzeuge standen auf dem Parkplatz vor den Kirchengemäuern. Eine geheimnisvolle Aura umgibt diese achteckige Kirche, Statuen von Dämonen bewachen die Simse. Normalerweise kümmert sich ein Ehepaar um die Kirche, öffnet sie für Besucher und bietet erschöpften Pilgern ein Lager für die Nacht an (behauptet zumindest mein Wanderführer). Der Dezember ist aber kein normaler Monat: Offensichtlich gönnte sich das Pärchen gerade seinen Jahresurlaub, die Kirche war geschlossen und konnte nur von außen bestaunt werden.

Ich kam mir wie ein Fremdkörper vor. All die anderen Menschen waren mit dem Auto gekommen. Sie hatten es warm und bequem und hatten Musik gehört, als sie auf den

Parkplatz fuhren, um ihre fahrbare Höhle für kurze Zeit zu verlassen. Ich war zu diesem Zeitpunkt seit mehr als vier Stunden unterwegs, hatte mich vom Nebel umarmen lassen und war der einzige, dessen Rucksack mehr beinhaltete als ein Päckchen Papiertaschentücher.

An eine stille Begegnung mit der Vergangenheit war in Anwesenheit dieser Geister nicht zu denken. Ich machte mich parallel zur besagten Landstraße auf den Weg nach Obanos. In dieser Stadt vereinigen sich der Aragonesische und der Navarrische Weg, um von nun an gemeinsam als Camino Francés nach Santiago de Compostela zu führen. Auch dieser Ort schien im Tiefschlaf zu liegen: Geschäfte und Kirche geschlossen, eine Kachel mit einer Pilgermuschel auf dem alten Stadttor wies den Weg nach Westen.

Ich hatte mir zuhause meine Gedanken gemacht, in welchen Etappen ich den Weg zurücklegen wollte. Eigentlich war Obanos mein Etappenziel für die heutige Nacht, aber es war noch nicht einmal 13:00 Uhr. Ich beschloss also, nach Puenta la Reina weiterzuziehen. Ich brauchte keine Stunde, um die Stadt zu erreichen. Nach Pamplona war sie die erste größere Siedlung auf meinem Weg, mich erwarteten alte Häuser und enge Gassen. Und Regen, der einsetzte, sobald ich die Felder verließ und einen Fuß auf die Landstraße setzte, die in den Ort hineinführte.

Vor der Herberge des Priesterseminars traf ich den Kanadier wieder. Wir unterhielten uns kurz und nichts sagend. Die Herberge war zwar offen und versprühte den rustikalen Charme jahrhundertealter Tradition, war aber offiziell noch geschlossen: Die Padres würden erst ab 15:00 Uhr wieder Pilger in Empfang nehmen. Ich beschloss daher, nicht zusammengekauert vor der Herberge zu warten, sondern die Stadt ein wenig in Augenschein zu nehmen.

Mein erstes Ziel war die Iglesia del Crucifijo gegenüber des Seminars. Diese Kirche beherbergt ein Y-förmiges Kreuz, das deutsche Pilger mit nach Spanien gebracht haben sollen. Ich mag die Schlichtheit gotischer Kirchen: Ihre dicken, schmucklosen Mauern. Die schmalen Fenster, die gerade genug Licht hineinlassen, um selbst in der Mittagssonne die Kirche in Dämmerung zu halten. Die alten, abgewetzten Holzbänke. Ich genoss die Stille dieses Ortes und nahm sie in mich auf. Zwar stehe ich in sehr kritischer Beziehung zur den christlichen Glaubens-gemeinschaften, die Atmosphäre in solchen alten, massiv gemauerten Gotteshäusern wie diesem, mag ich trotzdem.

Ich verließ die Kirche und wandelte durch die engen Gassen der Altstadt. Es lag viel Geschichte in diesen Straßen, ich konnte spüren, wie sich meine Schritte in die von Generationen von Pilgern einreihten. Die Gassen weiteten sich, und ich stand am Ufer der Río Arga. Die mittelalterliche Brücke über den Fluß, die dem Ort seinen Namen gegeben hat, lag vor mir. Ich nutzte sie als Schutz vor dem Regen, stellte mich unter sie und tauschte den Fleecepullover gegen meine Regenjacke. Es war nun 14:00 Uhr und ich überlegte, wie ich weiter vorgehen sollte. Eine Möglichkeit war es, in Puenta la Reina zu bleiben. Allerdings würde die Sonne erst in vier Stunden untergehen, und ich hatte mehr Lust, noch weiterzulaufen. Estella war der nächste größere Ort und lag 21 km entfernt, zu weit, um bis zur Finsternis dort zu sein. Allerdings sollte es auf dem Weg dorthin noch einige private Herbergen geben.

Ich schulterte meinen Rucksack und lief los. Der Weg ließ schnell die Straßen hinter sich und schlängelte sich durch ein Tal. Nach einer knappen Stunde tauchte jener lehmige Anstieg auf, den der Wanderführer als schwer begehbar auswies (vor allem nach Regen, den wir bis gerade eben noch gehabt hatten). Ich begann mit dem Aufstieg und achtete darauf, mehr Höhenmeter zu gewinnen, als durch das Rutschen auf dem Hang wieder zu verlieren. Ich war durchaus erfolgreich in diesen Bemühungen und hatte schon fast recht zügig den Hang erklommen, als sich mir eine Schafherde in den Weg stellte. Diese Schafherde war ein netter Anblick: Die Schafe schienen mehr aus Gemeinschaftsgeist zusammenzubleiben als aufgrund der Hütefähigkeit der nicht gerade übermotivierten Hunde. Und sie war genau das, was man brauchte, um einen lehmigen, bereits mittelmäßig rutschigen Weg in einen lehmigen, ausgesprochen rutschigen Weg zu verwandeln. Eine Schafherde später stand ich also richtig im Matsch. Ich wünschte dem Schäfer noch einen schönen Tag und erklomm schlitternd die restlichen 50 Höhenmeter bis zum Sattel.

Ich passierte den kleinen Weiler Mañeru und lief weiter nach Cirauqui. Mein Herbergsführer versprach für diesen Ort eine private Herberge, die ganzjährig geöffnet sein sollte. Gegen 16:30 Uhr erreichte ich (inzwischen leicht erschöpft) den Ort. Durch ein altes Festungstor, geschmückt mit der obligatorischen Pilgermuschel, betrat ich den alten Ortskern mit seinen steilen und engen Gassen. Mir fällt es immer schwer, solche Orte nicht zu mögen. Die Herberge war schnell gefunden, und offensichtlich wird von dieser Herberge der Dezember nicht in den Begriff "ganzjährig geöffnet" eingeschlossen. Einen sehr farbenprächtigen Fluch später überlegte ich mir meine weiteren Optionen: Zurück nach Puente la Reina wäre ein Marsch von mehr als zwei Stunden, die kleine Ortschaft Lorca lag nur 90 Minuten voraus. Ich seufzte und machte mich auf den Weg nach Lorca.

Ich lief in die Dämmerung hinein und erreichte mit dem letzten Dämmerungslicht die "Bodega del Camino" in Lorca. Diese private Herberge entpuppte sich als saubere Gaststätte in einem alten Haus, Pilger wurden gebeten, sich an der Hintertür anzumelden. Schüchtern und müde stieg ich durch die Gasse zur Hintertür auf, klingelte und sagte mein Sprüchlein auf.

Die Herberge entpuppte sich als Geheimtipp, sauber im mediterranen Stil eingerichtet und ausgesprochen warm. Wir waren drei (oder sollte ich sagen vier?) Pilger an diesem Abend. Da war zum einen Luis, ein Spanier. Wir würden uns in dieser Woche noch in anderen Herbergen wiedersehen. Dann war da noch Ernst, ein Schweizer, der in Begleitung seiner Hündin Sultan reiste. Ernst war von Genf aus aufgebrochen und nun schon seit Monaten unterwegs. Da Hunde in den Herbergen in der Regel nicht willkommen sind, übernachtete er normalerweise im Zelt und war sehr froh, für diese Nacht eine Herberge gefunden zu haben, dessen Hospitalero nichts dagegen hatte, dass es sich Sultan auf einer alten Decke im Esszimmer bequem machte. Je nach Sichtweise könnte man Ernst als Landstreicher oder Lebenskünstler bezeichnen. Er arbeitet als Lastwagenfahrer, wenn er denn mal einen Arbeitgeber findet, der nichts dagegen hat, dass Sultan als Beifahrerin mitkommt. Seiner Aussage nach ist es nicht schwierig, in diesem Beruf Arbeit zu bekommen; aber wenn er wieder mal genügend Geld zusammen hat, nimmt er seine Habe und zieht in die Welt hinaus.

Er hatte es nicht eilig, nach Santiago zu kommen. Auch ich hatte schon gelernt, dass dies die beste Methode ist, einen solchen Weg zu meistern. Ich hatte noch mehr als 800 km vor mir, und diese Zahl kann sehr einschüchternd wirken. Das Ankommen ist allerdings ganz einfach: Morgens den Rucksack nehmen, bis zum Sonnenuntergang laufen, sich eine Unterkunft suchen. Das macht man dann ein paar Tage lang, und bevor man sich versieht, ist man am (geografischen) Ziel seiner Reise. Der Camino ist kein Marathon, er ist eine Reise zu sich selbst. Hektik ist dort fehl am Platze.

Ernst hatte ein einfaches Reisgericht gekocht, und zwar genügend davon, um auch Luis und mich satt zu bekommen. Dankbar nahmen wir seine Einladung an und speisten gemeinsam. Im Gegensatz zu mir, der Skrupel hat, eine Fremdsprache auszuprobieren, ohne sicher zu sein, sich nicht über alle Maßen zu blamieren, hatte Ernst das Talent, einfach drauf los zu plappern. Dank ihm wurde es ein recht lebhaftes Abendessen: Eine rege Konversation in Spanisch über Sport und Politik entstand (einmal Muttersprachler gegen zweimal Amateure), die sich später am Abend im Aufenthaltsraum fortsetzte. Ernst sorgte sich rührend um uns, versorgte uns mit Tee und Schokolade. Ich bekam fast ein schlechtes Gewissen: Er hatte mir erzählt, wie wenig Geld er hatte, und mein Bankkonto weißt im Gegensatz dazu einen durchaus regelmäßigeren Eingang von Gehalt auf. Trotzdem fand ich keine Möglichkeit, ihm eine Gegenleistung für seine Gastfreundschaft zu erbringen, außer ihm meinem Dank auszusprechen. Mehr hätte er ohnehin nicht akzeptiert.

Nachdem Ernst die Gäste dieser Herberge aufs Vorzüglichste versorgt hatte, widmete ich mich erstmal einer heißen Dusche. Ich finde es immer wieder erstaunlich, wie Wanderungen wie diese den Sinn für das Wesentliche schärfen und einem die kleinen Selbstverständlichkeiten des Alltags wertzuschätzen lernen: Meiner Ansicht nach ist und bleibt die heiße Dusche die größte Errungenschaft der menschlichen Zivilisation. Diese Wanderung war wohl die sauberste, die ich je unternommen habe, nahezu jeden Abend wartete eine heiße Dusche auf mich. Die auf Vollleistung laufenden Heizung der Herberge beauftragte ich damit, meine mit in die Dusche genommene Wäsche wieder zu trocknen. Sie führte diese Order bis zum Morgen aus.

Los Arcos

Ich mag keine überheizten Schlafräume. Gegen Kälte im Bett hilft meiner Ansicht am besten immer noch jemand zum Kuscheln, ein dicker Schlafsack oder eine warme Decke. Die Heizung, die meine Kleidung mir an diesem Morgen gut getrocknet präsentierte, hatte den Raum so überheizt, dass ich die Nacht kaum geschlafen hatte.

Es war angenehm, morgens aus der Herberge heraus in den kalten Dezembermorgen zu treten. Eine von drei verbliebenen Packungen Trekkingkekse diente als Frühstück, als ich Lorca verließ und mich parallel zur N-111 auf den Weg nach Estella machte. Luis war schon vor mir aufgebrochen, Ernst folgte mir kurze Zeit später, wir würden uns im Laufe des Tages noch mehrmals begegnen.

Auf einem Hügel passierte ich eine einfache Kirche. Sie lag in einem Olivenhain und war unverschlossen. Offensichtlich wurde sie nicht mehr genutzt, die Bänke waren entfernt worden, nur ein steinerner Altar und das Kruzifix erinnerten an die ursprüngliche Nutzung dieses Gemäuers. Den vorherigen Besuchern schien es an Respekt gegenüber diesem heiligen Boden gemangelt zu haben: Auf dem Altar stapelte sich der Müll. Zwar wies dieser Ort keine Mülleimer auf, eine der Grillstellen auf dem Rastplatz vor der Kirche erschien mir jedoch ein würdigerer Ort für Abfall zu sein als der Altar einer verlassenen Kirche. So langsam begann ich zu verstehen, warum ich die meisten Kirchen nur verschlossen vorgefunden habe.

Nach acht Kilometern erreichte ich am späten Vormittag Estella. Der Camino läuft direkt entlang der Iglesia del Santo Sepulcro mit ihrem gotischen Portal und führt über die Sirga Peregrinal, die alte Pilgerstraße, in die Innenstadt. Ein kleiner Laden versorgte mich mit Joghurt, Brot und Fruchtsaft, ich lief weiter zur Iglesia San Pedro de la Rua, setzte mich vor ihr Portal und genoss ein zweites Frühstück. Die Kirche liegt auf einem Hügel über dem Stadtzentrum, eine breite Treppe führt zu ihr hinauf. Während ich mich stärkte, beobachtete ich das spärliche Treiben auf dem Platz. Dann machte ich mich auf den fast zehn Kilometer langen Weg nach Villamayor de Monjardin.

Kurz hinter Estella passierte ich die Bodega de Irache. Die Weinkellerei verfügt über einen Brunnen, dessen erster Hahn frisches Wasser bietet und der andere einen (sehr) jungen Landwein. Ich traf dort Ernst wieder, der gerade zur Weinprobe angesetzt hatte. Wir waren beide der Ansicht, dass dieser Tropfen nach ausreichender Lagerung eines Tages vielleicht mal einen guten Wein ergeben würde, zum jetzigen Zeitpunkt aber durchaus noch ein paar Jahre in einem Eichenfass vertragen könnte.

Der Weg ging weiter durch sanfte Hügel und Felder. Ein Pilger kam mir entgegen und erkundigte sich nach dem Weg. Es war ein Kanadier, der vor drei Monaten in Le Puy aufgebrochen war, Frankreich durchquert hatte, Santiago über den Camino del Norte erreicht hatte und sich nun über den Camino Frances auf dem Rückweg nach Saint Jean Pied de Pont befand. Wir unterhielten uns kurz, dann gingen wir beide unserer Wege. Kurz darauf traf ich einen Italiener, der in Italien aufgebrochen war, bis ans Kap Finisterre gelaufen war und sich nun auf dem Rückweg befand. Gegen solche Menschen kam mir meine Reise einfach nur klein vor.

Ich erreichte den Weiler Azqueta, und kurz darauf erschien die schiefe Kirchturmspitze von Villamayor de Monjardin hinter einem Hügel. Der Weg dorthin passierte den Maurenbrunnen, ein beeindruckendes Stück Architektur. Der Ziegelbau mit zwei Torbögen als Eingang beherbergt einen Brunnen, der sich über die ganze Breite des Gebäudes zieht und über eine Treppe erreichbar ist, die ebenfalls die gesamte Breite des Gebäudes ausmacht. Ich konnte mir direkt vorstellen, welch kühler Ort dies in einem heißen Sommer sein musste, wenn sich Pilger drei Meter unterhalb des Weges an das Wasser setzen, um zu rasten. Zu meiner Überraschung lebten dort ein Fisch und drei Salamander. Nun gut, die drei Salamander könnten dorthin gelaufen sein, aber sie haben bestimmt nicht den Fisch huckepack mitgenommen, der mit etwa 30 cm Körperlänge kein Winzling gewesen ist.

Ich passierte die Ortschaft und machte mich auf den dreistündigen Weg nach Los Arcos. Zuerst ging die Piste noch parallel zur Landstraße, dann bog sie rechts in ein stilles Tal ab. Weinfelder säumten den Weg, vulkanisch anmutende Hügel begrenzten die Felder. Die Sonne hatte die Luft ausreichend aufgeheizt, so dass ein Longshirt vollkommen ausreichend war, die Fleecepullover der letzten zwei Tage verschwanden im Rucksack. Der Himmel war klar mit einigen wenigen Wolken, es war ein wunderschöner Herbsttag.

Ich blickte zurück und sah Ernst und Sultan, die einen Hügel mitten im Tal erklommen. Sie würden dort die Nacht verbringen, und ich beneidete sie darum. Siedlungen waren von dort aus keine zu sehen, bei klarem Himmel würden sie einen wunderbaren Sternenhimmel haben, während sie am Lagerfeuer ihr Abendessen zubereiteten. Ich hatte mich gegen diese Art des Reisens entschieden und für einen leichteren Rucksack, der auch ohne Zelt, Isomatte und Kochgeschirr auskommen konnte.

Mit der untergehenden Sonne erreichte ich Los Arcos. Der Ort bot vier verschiedene Herbergen, und nach einem Streifzug durch die Innenstadt entschied ich mich für die Casa de la Fuente. Ein junges Pärchen aus der Schweiz war auf dem Weg nach Santiago hier hängengeblieben und kümmerte sich um die Pilger. Die Herberge schien im

Winterschlaf zu liegen, in dem die eintreffenden Pilger sie regelmäßig störten. Sie war kalt und leblos, bot aber zumindest eine heiße Dusche und eine saubere Küche. Im Laufe des Abends trafen noch weitere Pilger ein. Erst eine spanische Gruppe, und dann ein alleine wandernder Franzose, der sich explizite Etappen von mindestens 40 km am Tag zurechtgelegt hatte, um den Camino zügig abzulaufen. Nun, für mich stellten die 30 km des heutigen Tages bereits eine ausreichend erschöpfende Distanz dar. Ich kochte mir mein Abendessen und verschwand früh in meinem Schlafsack. Die Rückkehr der anderen Pilger von ihrem Abendmahl in einem nahen Restaurant bekam ich nicht mehr mit, wohl aber ihr lautstarkes Schnarchen. Meine Erfahrungen mit Lagern in Alpenhütten hatten zum Glück dafür gesorgt, dass sich auf solchen Touren immer Ohropax im meinem Rucksack befindet. Knurrend kramte ich es in der Dunkelheit hervor, stopfte es in meine Ohren und kehrte zu meinen Träumen zurück.

Logroño

Das Tolle an Ohropax ist dessen Fähigkeit, Außengeräusche nur noch stark gedämpft zu den Organen des Hörsinnes durchkommen zu lassen. So gut gedämpft, dass ich das Aufbruchsgeraschel der anderen Pilger prompt verschlafen hatte und in einem bereits gut geleerten Schlafsaal aufwachte. Einige Wäschestücke hingen noch an den Betten und zeugten davon, dass einige der Pilger im Zuge des Aufbruchs nicht daran gedacht haben, die Kleidung des Vortages wieder einzupacken. Einer der Spanier kannte offensichtlich die Schwächen seiner Reisegefährten und sammelte als Nachhut vergessene Hemden, Socken und Unterwäsche ein.

Ein Hüttenwart in Neuseeland hatte mir mal erzählt, dass er eigentlich ohne Ausrüstung auf die Hütte kommen könnte, Wanderer würden schon genug dort vergessen, um ihn vollständig auszustatten. Auf meine Frage, wo er seinen Schlafsack herbekommen würde, lachte er nur und meinte, er habe ganze drei davon in seiner Kate liegen. Ich selber durfte auf meinen Wanderungen dort ein Hemd, eine Mütze, ein Halstuch und ein Fernglas einsammeln. Bis auf das Hemd konnte ich am Abend allen schusseligen Vorausgehern ihre Ausrüstung zurückgeben, das Einfangen der entlaufenen Fleecemütze brachte mir damals sogar eine liebe Umarmung und einen Müsliriegel in einer Hütte am Travers Sabine Circuit ein.

Ich verließ die Herberge und deckte mich noch in der Dorfbäckerei mit frischem Baguette ein. Dieses vor mich hin mümmelnd, machte ich mich auf den Weg nach Torres del Rio, welches ich nach zwei Stunden erreichte. Ich ignorierte die dortige Tienda und lief weiter nach Viana. Ein Supermarkt im Ortskern versorgte mich mit Brot,

Obst, Joghurt und Saft; der Platz vor der Iglesia Santa María bot einen guten Ort für eine Mittagsrast.

Vor dem Portal der Kirche ist der spanisch-italienische Feldherr Cesare Borgia begraben, der im Jahre 1507 nahe dieses Ortes in einer Schlacht tödlich verwundete wurde. Den damaligen Menschen war durchaus bekannt, dass dieser Fürst alles andere als ein besonders christlicher Mensch gewesen war, weswegen dieser dann auch vor der Kirche begraben wurde anstatt darin. Jeder Besucher dieser Kirche läuft nun über das Grab des toten Fürsten hinweg; ich glaube, treffender kann man seine Missachtung für den verstorbenen Adeligen nicht ausdrücken.

Ich beobachtete das Treiben auf dem Platz neben der Kirche. Ein paar Kinder imitierten Tauben und futterten auf dem Boden verstreute Pommes, während ihre Mütter mehrere Meter entfernt mit dem Austausch der neuesten Gerüchte und Geschichten beschäftigt waren.

Gestärkt und amüsiert wanderte ich weiter. Bald hatte ich die Häuser Vianas hinter mir gelassen und machte mich durch Wein- und Olivenfelder auf den Weg nach Logroño. Sieht man mal von den Autos auf den Landstraßen ab, hatte ich den Weg für mich alleine. Ich stieg von den Hügeln ins Tal des Ebro hinab. Eines der ersten Häuser der Stadt gehörte Doña Felisa, die jahrzehntelang die vorbeiziehenden Pilger registriert und ihren Pilgerpaß gestempelt hatte. Ihre Tochter hatte nun ihr Erbe angetreten. Die Hunde benachrichtigen sie von meiner Ankunft, und mein Credential bekam einen weiteren Stempel.

Der Weg führte vorbei am städtischen Friedhof in die Stadt. Dieser war zur Abwechslung mal nicht verschlossen, was mir die Gelegenheit bot, mir einen Eindruck zu verschaffen von der Art dieser Kultur, ihre Toten zu bestatten. Es gab viele Familiengräber mit prächtigen

Grabsteinen, die den halben Stammbaum einer Familie widerzuspiegeln schienen. Auf vielen Monumenten fanden sich auch Fotos der Verstorbenen, alle mit ernstem Gesichtsausdruck. In meiner Heimat ist es üblich, auf den Sterbekarten ein Foto des Verstorbenen zu präsentieren, das seine Freude und seine Lebenslust ausstrahlt. Die Bilder auf diesen Grabsteinen strahlten nur Frust und Zorn aus.

Der Weg zur Herberge war schnell gefunden und gut ausgeschildert. Die städtische Herberge glich einem Rathaus, das zur Pilgerunterkunft umgebaut worden war. Sie bot eine große Eingangshalle mit Fahrradständern und einer Statue eines Jakobspilgers, der sich auf einer Bank auszuruhen schien. Ich fand liebevolle Aufnahme und wurde durch die Herberge geführt. Nur einer der Schlafsäle war offen und beheizt, nur einer der Waschräume geöffnet. Der Weg vom einen in das andere führte durch das eiskalte Treppenhaus. Die große und saubere Küche bot neben einem Kaffeeautomaten alle technischen Möglichkeiten, um ganze Legionen von Pilgern zu verköstigen. Ich gönnte mir erstmal eine ausgiebige heiße Dusche.

Dann beschloss ich, etwas gegen meine Blasen zu unternehmen. Dass man sich in nicht eingelaufenen Wanderschuhen Blasen laufen kann, ist selbst mir bekannt. Meine Schuhe für diese Tour hatten aber schon einen Trip in die USA und acht Wochen Neuseeland hinter sich, sie waren näher am Zustand "durchgelatscht" als an dem Zustand "noch nicht eingelaufen". Ich fragte die Hospitalera, ob es hier eine Apotheke in der Nähe gäbe. Sie zog einen Block mit Stadtplänen aus der Schublade, riss ein Blatt ab und begann, ihn für mich zu kommentieren: Hier die Herberge, dort und dort und dort Apotheken. Ich bedankte mich und machte mich auf den Weg.

Durch alte und enge Gassen erreichte ich den Platz vor der Kathedrale und von dort aus bald eine Apotheke. Ich fühlte mich in die Zeit meiner Großeltern zurückversetzt, als ich sie betrat: Statt moderne Arzneimittelpackungen füllten alte Porzellantiegel die genauso alten Vitrinen. Ich schilderte mein Problem einer riesigen "Ampolla" an der Ferse und wurde prompt mit Blasenpflaster ausgestattet. Welch ein Erfolgserlebnis! Die Lektion "Schildern Sie ihre Leiden und besorgen Sie sich Medizin dagegen" war in meinem Spanischkurs bisher noch nicht behandelt worden, und trotzdem hatte ich die Aufgabe mit Bravour gemeistert.

Ich nutzte das verbliebene Tageslicht für einen Streifzug durch die Innenstadt. Alte und ehrwürdige Gemäuer trafen auf das Treiben einer modernen Bevölkerung in der Adventszeit. Bei der Betrachtung der Auslage eines Süßigkeitengeschäftes musste ich schmunzeln, als ich unter Plätzchen, Schokolade, Bonbons und Gummibärchen auch eingelegte Gurken entdeckte. Solche Geschmacksverirrungen werden normalerweise nur schwangeren Frauen nachgesagt.

Auf den Türmen der Kathedrale nisteten mehrere Storchenpaare. Sie schienen zu dem Entschluss gekommen zu sein, dass Flugreisen bis nach Zentralafrika nicht unbedingt notwendig sind, um in einer warmen Gegend zu überwintern. Vielleicht haben sie aber auch beschlossen, dass das Zugvogeldasein überbewertet wird und man auch in Nordspanien sesshaft werden könnte. Sie waren auf jeden Fall fleißig mit dem Auf- und Ausbau ihrer Nester beschäftigt. Eines der Paare startete gemeinsam vom Nordturm. So hoch über den Häusern brauchten sie keinen Flügelschlag, um über die Stadt hinweg zu gleiten. Mit weit ausgebreiteten Schwingen überquerten sie im Formationsflug den Platz vor der Kirche, bevor sich ihre Wege trennten: Einer von ihnen segelte weiter nach Norden, der andere drehte ohne erkennbare Anstrengung nach Osten ab.

Ich arbeite in der Luftfahrtindustrie und bin immer wieder begeistert von den Fähigkeiten und Leistungen von Flugzeugen. Regelrecht fasziniert bin ich jedoch von den Flugleistungen von Vögeln und ihren unterschiedlichen Spezialisierungen. Schwalben als Experten für schnellen und wendigen Flug. Adler, die energiesparend gleiten können und sich trotzdem im Sturzflug auf ihre Beute stürzen. Kormorane, deren einzigartige Jagdtechnik es ihnen erlaubt, Fische in mehreren Metern Tiefe zu erbeuten. Störche als Meister des Langstreckenfluges. Ohne einen einzigen Flügelschlag verschwanden diese beiden Exemplare letzterer Spezies hinter den Häusern.

Ich kehrte in die Herberge zurück, kümmerte mich um mein Hungergefühl und das Niederschreiben des Tagesgeschehens in mein Tagebuch. Die spanischen Pilger der letzten Nacht waren eingetroffen, der Schlafsaal füllte sich langsam. Im Wissen dessen, was die Nacht bringen würde, steckte ich mir gleich Ohropax in die Ohren, bevor ich in meinen Schlafsack kroch.

Azofra

Die Betten erwiesen sich als sehr wackelig. Bei jeder Lageänderung im Schlafsack hatte ich die Befürchtung, die Verstrebungen des Bettes würden nun endgültig den Geist aufgeben, und ich unter lautstarkem Getöse das Stockbett in Metallrohrbauweise unter mir begraben. Zum Glück erwiesen sich diese Befürchtungen als falsch.

Öffentliche Herbergen haben im Vergleich zu privaten einen entscheidenden Nachteil: Sie sollen morgens deutlich früher verlassen werden. Nun, dies mag angesichts der Hauptsaison im Sommer ja noch angebracht sein, wenn die Pilgerhorden ohnehin irgendwann zwischen drei und vier Uhr in der Nacht mit dem Aufbruch beginnen, nur um zur Mittagszeit in der nächsten Herberge gerade noch das letzte Bett zu ergattern. Oder wenn es sich aufgrund der brütenden Mittagshitze empfiehlt, die kühleren Morgenstunden auszunutzen.

Anfang Dezember bedeutet dies allerdings nur, deutlich vor Sonnenaufgang die Herberge verlassen zu müssen. Die Hausordnung bestand darauf, auch im Winter die Herberge von Logroño bis spätestens acht Uhr geräumt zu haben. Ein eiskalter Wind fegte von den Picos de Europa kommend durch die alten Gassen. So schön sich die Stadt in der Mitte la Riojas auf dem Weg hinein präsentiert hatte, so hässlich war sie auf dem Weg hinaus. Nach einer Stunde durch ein Industriegebiet unterschritt ich die N-120 und betrat die "Pilgerautobahn".

Die Gemeinde hat den Weg hier sauber eingefasst, junge Bäume strengen sich an zu wachsen und in Zukunft den Pilgern auf dem Weg Schatten zu spenden. Drei spanische Pilger waren mir gefolgt und unterhielten sich lautstark. Ihr Geplapper durchbrach die morgendliche Stille, und ich lief etwas schneller, um sie hinter mir zu lassen. Bald waren sie außer Hörweite.

Der gut ausgebaute Asphaltweg führte bis zum Stausee Embalse de las Cañas. Der eiskalte Wind brachte Nieselregen und zwang mich, die Regenkleidung aus dem Rucksack zu holen. Auf dem Weg durch Logroño hatte ich leider keine geöffnete Bäckerei erspähen können, das frische Baguette zum Frühstück war also ausgefallen, und die vorletzte Packung Trekkingkekse musste als Proviant herhalten.

Mehrere Jogger und Mountainbiker überholten mich auf dem Weg zum Sattel hinter dem Stausee, sie kamen mir ein paar Kilometer weiter wieder entgegen. Zwar lärmte dort oben wieder die N-120, der man ein paar Kilometer weit auf einem Feldweg neben der Fahrbahn folgen musste, mir bot sich aber auch eine gute Aussicht zurück über den Stausee und die Stadt. Angesichts von Strecke und Steigung auf diesem Wegstück war ich beeindruckt von der Leistung der Frühsportler: Vom Stadtzentrum bis zur Anhöhe waren es immerhin sechs Kilometer und 200 Höhenmeter.

Ich lief durch Navarette, welches im Tiefschlaf lag. Kaum ein Mensch auf den Straßen, die Geschäfte geschlossen. Da mein Proviantbeutel langsam und unaufhaltsam auf den Zustand der Leere zusteuerte, war ich darauf angewiesen, ihn so bald wie möglich wieder befüllen zu können. Ich passierte das ebenso verschlafene Ventosa und war gegen zwei Uhr am Nachmittag in Najera. Diese Kleinstadt hätte recht quirlig sein können, nur war ich wenige Minuten zu spät gekommen: Zwischen zwei und fünf Uhr am Nachtmittag schließen alle Geschäfte. Somit bot mir auch Najera nicht die ersehnte Möglichkeit, meine Nahrungs-mittelvorräte ein wenig aufzustocken.

Die Atmosphäre in der Stadt ähnelte der einer Westernstadt nach dem Auftauchen der waffenstarrenden Bösewichte:

Die Straßen waren verlassen, nur wenige Menschen zogen eilig von dannen. Die Herberge war schnell gefunden, allerdings würde sie erst um vier Uhr öffnen. Mein Interesse, nun fast zwei Stunden lang in der Kälte zu sitzen und mir eine Blasenentzündung einzufangen, war ausgesprochen gering ausgeprägt. Ich hatte bereits 30 km hinter mir und nichts gegen ein Nachtlager einzuwenden gehabt, auf der anderen Seite war Azofra nur sechs Kilometer entfernt. Ich zog die Rucksackriemen nach und stiefelte den Hügel westlich des Flusses Najerilla hinauf. Der eiskalte Wind nahm zu. Zwar hielt meine Regenjacke ihn davon ab, durch meine Kleidung zu fahren, das Pfeifen des Windes in den Ohren wurde dann aber doch mit der Zeit lästig. Nach Erklimmen der Anhöhe ging es nahezu eben auf guten Wegen durch landschaftliche Nutzflächen nach Azofra.

Mein Herbergsführer hatte für diesen Ort zwei Herbergen versprochen. Eine weitere private Herberge hatte aufgrund der starken Konkurrenz durch die große öffentliche Herberge im Sommer zuvor schließen müssen. Ich folgte der Beschilderung und wollte gerade rechts zur Herberge abbiegen, als ich ein "¡Hola peregrino!" hinter mir hörte. Ein alter Mann, der sich mir als Roque vorstellte, informierte mich darüber, dass die große, neue Herberge im Winter geschlossen sei und Pilger in der kleinen, alten Herberge direkt neben der Kirche übernachten würden. Auf dem Weg dorthin drückte er mir seine Visitenkarte in die Hand, die ihn als Pilgerbetreuer auswies.

Er führte mich dorthin und erläuterte mir unterwegs in einer sehr ausschweifenden Rede, wo ich in dem 1000-Seelen-Dorf ein gutes und preisgünstiges Essen bekommen könnte. Die Herberge entpuppte sich als ein rustikales Kleinod mit einem Aufenthaltsraum samt Küche, zwei Schlafräumen und zwei Duschen. Und keine Heizung. Solange ich in Bewegung gewesen war, hatte ich die Kälte bei weitem nicht so gespürt wie nun in diesen alten Gemäuern. Ich beschloss, erstmal die Dusche zu nutzen, um mich ein wenig aufzuwärmen. Diese Idee war gut, die Ausführung jedoch mangelhaft, denn von einer heißen Dusche konnte man angesichts des mehr tropfenden als fließenden Wassers nicht sprechen. Zumindest fühlte ich mich etwas sauberer.

Roque hatte mir erzählt, dass es eine kleine Tienda 50 Meter von der Kirche entfernt gäbe. Ich machte mich auf die Suche und wurde schnell fündig. Der kleine Tante-Emma-Laden war bis in den letzten Winkel mit Nahrungsmitteln, Kurzwaren und Haushaltsartikeln bestückt. Zum einen bot er mir die Möglichkeit, endlich ein Feuerzeug zu erstehen. So etwas sollte man auf Reisen immer dabei haben, nur wird die Mitnahme von Feuerzeugen oder Streichhölzern in Flugzeugen dieser Tage als Vorstufe eines terroristischer Akts betrachtet, weswegen ich ohne die Möglichkeit aufgebrochen war, abends in der Herberge einem Gasherd Starthilfe geben zu können. Zum anderen konnte ich das spärliche Angebot meines Proviantbeutels zumindest ein bisschen erweitern.

Ich kehrte zur Herberge zurück. Ein katalanisches Pärchen war eingetroffen, kurz darauf kamen mehrere Gruppen spanischer Pilger. Während ich in ein paar herumliegenden Büchern schmökerte und sehr gefühlvolle Zeilen aus der Feder von Detlef Willand über die Motivation des Pilgerns darin fand, füllte sich die Herberge, und bald waren alle sechzehn Betten belegt. Roque hatte einen gasbetriebenden Heizstrahler beschafft. Dieser gab sich allergrößte Mühe, zumindest den Aufenthaltsraum aufzuheizen und zudem noch all die duschfeuchten Handtücher zu trocknen, die sich prompt um ihn herum versammelt hatten.

Das katalanische Pärchen lud mich ein, sie in die nächste Bar zu begleiten. Gerne nutzte ich die Gelegenheit, mein

Volkshochschulspanisch einem Praxistest zu unterziehen. Er arbeitete in einer Fabrik und sprach nur Castillaño und Catalan, sie war Krankenschwester und kannte noch ein paar Brocken Englisch. Mehr hatte ich nicht, um mich mit ihnen über das Leben in Deutschland, den Jakobsweg, Politik und Zeitgeschehen zu unterhalten. Frei nach Shakespeare ("… noch einmal die Bresche stürmt …") ließ ich meine mangelhaften Vokabelkenntnisse nicht als Grund gelten, die Konversation einschlafen zu lassen.

Im Zuge dieses Gespräches erfuhr ich auch, warum so überraschend viel Pilger auf dem Camino unterwegs waren. In der ersten Dezemberwoche gab es in Spanien zwei Feiertage, die in diesem Jahr auf den Mittwoch und den Freitag fielen. Somit konnten die Spanier mit nur drei Urlaubstagen eine Woche lang freinehmen, und einige von ihnen nutzen nun die Gelegenheit, um den Jakobsweg zu begehen. Auch meine katalanischen Gesprächspartner hatten aus diesem Grund diese Woche genutzt, um einen Teil des Jakobswegs zu beschreiten. Sie wollten versuchen, bis Burgos zu kommen; und dann bei nächster Gelegenheit das nächste Stück in Angriff zu nehmen. Wie bereits gesagt: Der Jakobsweg ist kein Marathon, man gewinnt nicht dadurch, wenn man ihn so schnell wie möglich abschreitet. Man gewinnt dadurch, wie man ihn abschreitet, und was man unterwegs über sich selbst erfährt.

Wir speisten nicht in der Bar, sondern kehrten in die Herberge zurück. In der Tradition der Pilger teilten wir Brot, Käse und Wurst und genossen ein einfaches Abendessen. Bald kehrten auch die anderen Pilger zurück, und wir gingen früh schlafen. Die Nacht war ruhig und kalt, der Wind pfiff um die Kirche, die den höchsten Punkt des Ortes ausmachte. Ich schlief tief und fest und glücklich.

Belorado

Früh aufzustehen und noch vor Sonnenaufgang aufzubrechen, ist eine uralte Pilgertugend. Dieser Ansicht war zumindest Roque, der uns um Viertel vor acht am nächsten Morgen aus den Federn scheuchte. Angesichts des mehrstimmigen Knurrens schien ich nicht der Einzige gewesen zu sein, der sich viel lieber noch tiefer im Schlafsack verkrochen hätte. Der Wind hatte nachgelassen, nur leider hatte er Wolken mitgebracht, die nun tief und schwer über der Landschaft hingen.

Offenbar war ich auch nicht der einzige Bewohner meines Bettes gewesen, mein Körper wies mehrere schmerzhafte Bisswunden von Bettwanzen auf, die erst Tage später wieder abklingen sollten. Nachdem ich sie blutig gekratzt hatte. Zum Glück sollte es die einzige Herberge bleiben, deren Besuch ich mit solchen Erinnerungen bezahlen musste. Ich hatte bereits Geschichten über mit Flöhen und Wanzen verseuchte Herbergen gehört, eine Herberge von 25, in denen ich auf dem Camino übernachtet habe, stellt jedoch keinen Grund da, um diesbezüglich ins Lamentieren zu verfallen.

Ich packte meinen Rucksack. Für mich ist es immer wieder ein schönes Gefühl, wie sich jeden Morgen die Ausrüstung an ihren Platz im Rucksack fügt, alleine durch diese Routine stellt sich sicher, dass kein Teil vergessen wird. Meinen Hut verstaute ich ebenfalls, angesichts des kalten Wetters war die Fleecemütze angebrachter. Auf dem Weg aus dem Dorf stoppte ich noch mal kurz an der Tienda und erstand ein frisches Brot, das ich vor mich hinknabberte, während ich mich weiter auf den Weg nach Westen machte.

Der Weg nach Cirueña führte auf Feldwegen entlang von Wiesen und Feldern auf eine Anhöhe zu, auf der besagter Ort liegt. Auf halber Strecke fing es an zu nieseln. Es war jener Regen, der ganz sanft anfängt und dann langsam immer stärker wird. Dachte ich anfänglich noch, dass die wasserabweisende Trekkingbekleidung, die ich tagtäglich trug, für dieses Wetter ausreichend sei, so stellte ich wenig später fest, dass ich schon gut durchnässt war.

Der Golfclub am Ortsanfang von Cirueña bot mir einen Unterstand, um mich erstmal wie ein nasser Hund zu schütteln und dann in Goretex zu hüllen. Das Wetter ließ sich davon nicht beeindrucken, der inzwischen starke Regen hielt unvermindert weiter an. Ich schwang mir meinen Rucksack wieder auf die Schultern und lief weiter. Im Ortszentrum hörte ich plötzlich meinen Namen. Ich drehte mich um und fand das katalanische Pärchen, das in einer Scheune Unterschlupf gefunden hatte und dort ein Ende des Regens abwarten wollte. Da das Wetter danach aussah, dass man darauf lange warten konnte, bevorzugte ich es, nach einem kurzen Gespräch mit den beiden weiterzuziehen.

Der Weg führte weiter durch Hügel, Felder und Wiesen, die ich für mich alleine hatte. Der Regen ließ nach, und als ich anderthalb Stunden später Santo Domingo de la Calzada erreichte, hatte er aufgehört. In der Nähe des Klosters fand ich einen Supermarkt, der alles bot, was das Pilgerherz begehrt. Es gab meine geliebten Nudelgerichte, Brot, Joghurt, Softdrinks und sogar Weihnachtsgebäck. Schwer beladen stellte ich mich unter dem Vordach des Klosters unter und verstaute einen Teil meiner Einkäufe in meinem Rucksack und den anderen Teil in meinem Magen.

Dann lief ich tiefer in die Stadt hinein. Ein Adeliger mit seinem Pferd kam mir entgegen. Er trug die mittelalterliche Kleidung seines Standes, das Zaum- und Sattelzeug seines Pferdes war ebenso seit mindestens 300 Jahren aus der Mode. Mit erstauntem Gesichtsausdruck erreichte ich den Platz vor der Kirche und hatte prompt das Gefühl, auf den letzten paar hundert Metern falsch abgebogen zu sein. Als ich den Supermarkt betreten hatte, war ich ganz sicher im Jahr 2006 gewesen, nun schien es eher das Jahr 1506 zu sein: Ich stand in mitten eines mittelalterlichen Marktes. Gaukler und Schaubuden, Handwerker, die ihre Waren feilboten, ein Falkner, der seine Raubvögel präsentierte. Es gab Landwein, Fleischspieße und Fladenbrot. Ich genoss das Treiben. Ich konnte mir vorstellen, wie es vor fünfhundert Jahren gewesen sein mußte, als meine Vorgänger eben genau auch über diesen Platz geschritten waren und inmitten des Marktes standen. (Nur dass diese sich weniger verzeitreist gefühlt haben dürften.) Der Kontakt zwischen den Generationen der Pilger, zwischen jenen, die waren, und jenen, die sind, war sehr lebendig in diesem Moment. Und die ausgelassene Stimmung war trotz des grauen Himmels sehr ansteckend.

Die Ursache des mittelalterlichen Treibens offenbarte sich mit einem Ausruf der Menge: "¡La novia!" Offenbar ging es bei dem Treiben um die Nachstellung einer ganz besonderen Hochzeit. Die festlich geschmückte Braut kam zu Pferde von Süden auf den Platz, ihr Bräutigam wartete dort ebenfalls beritten auf sie. Das Treiben verdichtete sich, und ich sah darin eine Einladung, meinen Weg fortzusetzen. Ich habe mich später bei anderen Pilgern nach dem geschichtlichen Hintergrund für dieses Treiben erkundigt, aber niemand konnte mir diese Frage beantworten. [Bei meinem nächsten Besuch in diesem Ort acht Jahre später erfuhr ich, dass es sich um die Ferias de la Concepción handelte, die jedes Jahr Anfang Dezember gefeiert wird.]

Als ich die Brücke über den Fluß Oja erreichte, der auch zugleich die westliche Stadtgrenze darstellte, fiel mir ein, dass ich gar nicht daran gedacht hatte, auf die beiden Hühner in der Kathedrale zu achten. Der Legende nach kam einst ein Paar mit ihrem Sohn auf dem Jakobsweg nach Santo Domingo de la Calzada. Sie kehrten in einer Herberge ein, und die Tochter des Herbergsvaters verliebte sich prompt in den jungen Mann, der ihre Liebe jedoch nicht erwiderte. Dem Sprichwort nach ist nichts schlimmer als die Rache einer verschmähten Frau, und so steckte die junge Dame dem Sohn einen Silberbecher ins Gepäck, um ihn des Diebstahls zu bezichtigen. Er wurde verhaftet und zum Tode verurteilt. Die Eltern flehten den Stadtherrn um Gnade an. Dieser antwortete, dass der Junge in Kürze genauso tot sein würde wie die beiden Hühner, die er gerade zu verspeisen gedachte. Kaum hatte er es ausgesprochen, erhob sich sein Mittagessen und flog davon. Der Sohn wurde begnadigt, und seitdem werden im Andenken an dieses Hühnerwunder in der Kathedrale ein Hahn und eine Henne in einem Käfig gehalten. Für jeweils eine Woche, danach darf sich ein anderes Hühnerpärchen der Aufrechterhaltung dieser Tradition widmen.

Noch immer hingen die Wolken tief über der Landschaft, aber zumindest hatte (von gelegentlichem und minuten-langem Nieselregen abgesehen) der Niederschlag aufgehört. Ich setzte meinen Weg durch die Hügel Riojas fort und erreichte nach knapp zwei Stunden Grañón. Viel zu früh, um dort zu übernachten, zog es mich weiter. Ein Teil von mir war traurig darüber: Die Herberge liegt im Dachstuhl der Dorfkirche, und der sie betreuende Pfarrer ist eine Legende auf dem Jakobsweg aufgrund seiner Bestrebungen, alte Pilgertraditionen wie ein gemeinsam zubereitetes Abendessen wiederzuerwecken und zu leben.

Wie auch schon an den Tagen zuvor, war ich tagsüber alleine mit mir, meinen Gedanken und der Landschaft. Auch wenn sich am Abend die Herbergen immer gut füllten, so war ich als Pilger zumeist unterwegs, ohne andere Wanderer zu sehen. Ich verließ Grañón, lief durch mehrere verschlafene Dörfer und erreichte schließlich Viloria. Dort sollte es eine sehr urig eingerichtete Herberge eines halbbrasilianischen Paares geben, die (laut Herbergsführer) das ganze Jahr offen haben sollte. Mir wurde dort auch geöffnet, allerdings nur, um mir mitzuteilen, dass die Herberge geschlossen habe.

Unterdessen ging es meiner Ferse dank ihrer Blase alles andere als gut, sie hatte sich vergrößert und sorgte für ständige Schmerzen beim Laufen. Auch stellte sich das Blasenpflaster nicht gerade als die beste Wahl der Wundversorgung heraus; zu diesem Zeitpunkt hatte ich aber keine bessere Idee, wie ich meine wunden Füße versorgen sollte. Das Erreichen eines Nachtlagers wäre zu diesem Zeitpunkt also ein angenehmes Ereignis gewesen, welches sich nun jedoch noch etwas in die Zukunft verschoben hatte. Nach einem weiteren sehr farbenprächtigen Kraftausdruck ob der geschlossenen Herberge nahm ich meine Wanderung wieder auf. Belorado war etwa acht Kilometer entfernt und sollte mehrere Herbergen aufweisen, eine von ihnen würde schon geöffnet haben.

Die Herberge von Villamayor lag auf halber Strecke und glich eher einer kleinen Kaserne als einer gemütlichen Unterkunft für die Nacht; und die aufdringlich rote Leuchtreklame am nächsten Gebäude deutet auf dessen Nutzung als Bordell hin. Ich beschloss trotz meiner Erschöpfung doch bis nach Belorado weiterzulaufen. Der Weg führte neben der N-120 weiter nach Westen. Mit Sonnenuntergang erreichte ich den Ortsrand und bald darauf die Kirche. In ihrem Nebengebäude befindet sich eine öffentliche Herberge, die jedoch in den Wintermonaten geschlossen hat. Störche bauten auf dem verfallenen Turm der Kirche ihre Nester. Die Herberge "Cuatro Cantones" war mir empfohlen worden, und dieser Empfehlung zu folgen, entpuppte sich als eine gute Idee. Sie war warm, sauber und gut gefüllt. Ich fand ein leeres Bett neben dem Heizkörper sowie Luis, den ich zuletzt in

Lorca gesehen hatte, dösend auf einem der Betten. Wir freuten uns gemeinsam darüber, dass wir es so zügig so weit geschafft hatten, und dass uns das Wetter keine übermäßig großen Knüppel zwischen die Beine geworfen hatte. Auch José, ein weiterer Spanier, der mit mir die letzte Nacht in Azofra verbracht hatte und einen riesigen Schirm seitlich an seinen Rucksack geschnallt hatte, hatte es bis hierher geschafft.

Ich gönnte mir erstmal die obligatorische Dusche und wusch meine Kleidung. Letzteres löste ich ganz pragmatisch, ich nahm sie einfach mit unter die Dusche, spülte sie mehrmals durch und hängte sie im Anschluss daran einfach über dem Heizkörper neben meinem Bett auf. Der Hospitalero gab mir eine kurze Wegbeschreibung zum nächsten Supermarkt. Es war Donnerstagabend, und vor dem morgigen Feiertag sollte ich noch genügend Proviant einkaufen, um bis Samstagmorgen nicht den Hungertod zu erleiden oder zumindest den Tag über mit knurrendem Magen verbringen zu müssen.

Die Mehrzahl der Gäste waren Spanier, aber zur Abwechslung war ich mal nicht der einzige Pilger, der nicht von der iberischen Halbinsel stammte. Ich lernte ein kanadisches Pärchen kennen. Die beiden waren in Le Puy in Frankreich gestartet. Des Weiteren traf ich dort Robert, der sich von Berlin aus auf den Weg gemacht hatte und nun schon seit Monaten unterwegs nach Santiago de Compostela war. Wir landeten schnell in der Küche, wo wir bei Tee, Reis, Gemüse, Wurst, Käse, Brot und Plätzchen ein ausgiebiges Abendessen und eine noch ausgiebigere Unterhaltung hatten.

Robert erzählte mir von seiner letzten Wanderung auf dem Jakobsweg. Er war damals im Sommer in Saint Jean Pied de Port aufgebrochen. Er erzählte von Herbergen, die bereits zur Mittagszeit überquollen und von Pilgern, die ihren Müll in alle Himmelrichtungen verstreuten. Er war damals bis in den Nachmittag in den Herbergen geblieben und ist dann bis spät in den Abend hinein gelaufen. Ein Bett in einer der Herbergen hat er auf diese Art und Weise nie bekommen, aber es gab keine Schlangen mehr vor den Duschen. Ein ruhiges Fleckchen für ihn und seine Isomatte war immer zu finden, und den Weg hatte er für sich alleine, nachdem sich die anderen Pilger bereits in den Herbergen stapelten. Ich war angesichts dieser Erzählung sehr froh über meine Entscheidung, den Jakobsweg im Winter zu begehen.

Wir waren nicht alleine, andere Pilger gesellten sich zu uns. Es wurde ein sehr gemeinschaftlicher Abend, und es war sehr spät, als wir uns zum Schlafen zurückzogen.

Atapuerca

Der kalte Wind vertrieb die Wolken. Der nächste Tag erwachte mit eisigen Temperaturen und strahlendblauem Himmel. Einige der Pilger gedachten, früh aufzubrechen, und das Geraschel der Tüten und Rucksäcke weckte auch mich. Ich steckte mir die Reste an Wurst und Brot in die Hosentasche und verließ als einer der letzten die Herberge. Robert und die Kanadier blieben zurück und genossen noch ein ausgiebiges Frühstück.

Ich kam nicht sehr weit. Die eisigen Temperaturen zwangen mich dazu, erstmal ein paar zusätzliche Schichten Isolierung aus dem Rucksack zu holen und anzuziehen. Ich überquerte den Tirón und lief durch die letzten Hügel Riojas nach Tosantos. Auf halber Strecke ragte ein mehrere Meter hohes Schild in den Himmel, das die Etappen des Camino Francés durch das Bundesland Castilla y León beschrieb und mir zeigte, welche Orte ich in den nächsten Tagen auf dem Weg nach Galicien passieren würde. Ich stand davor und musste grinsen: Dieses Schild hatte das Potential, sehr einschüchternd zu wirken. Auf mich wirkte es jedoch eher herausfordernd.

Ein sonniges und windgeschütztes Plätzchen vor der Kirche in Tosantos lud zu einer Pause ein. Hier im Windschatten war es richtig angenehm, und das wunde Fleisch an meiner rechten Ferse war dankbar, mal zehn Minuten lang nicht durchgewalkt zu werden. Ich genoss ein paar Minuten der Ruhe, die laue Dezembersonne und meine letzte Tüte Nüsse.

Als Robert und die Kanadier am Horizont erschienen, schulterte ich wieder meinen Rucksack und lief weiter. So sehr ich ihre Gesellschaft in der Herberge genossen hatte, so sehr wollte ich unterwegs doch lieber meinen Gedanken nachhängen. Zusammen sollte ich die drei nicht wieder sehen.

Die Landschaft wurde flacher, und ich lief auf Villafranca Montes de Oca zu. Der Ort bietet eine Sommerherberge, dann werden große Zelte auf der Wiese nahe der Kirche aufgestellt. Vor den Bars der Stadt saßen mehrere Pilger (unschwer zu erkennen an den großen Rucksäcken). Allerdings war die Lage direkt an der durch den Ort führenden Landstraße alles andere als gemütlich, und so stieg ich hinter dem Ort zurück in die Hügel und war wieder alleine.

Der Weg nach San Juan de Ortega war lang. Nachdem man den Pass auf einem steinigen Fahrweg erklommen hatte, führte der Camino über lange Zeit schnurgerade entlang eines breiten Weges nach Westen. Es war Freitag und somit der zweite Feiertag in dieser Woche, und so traf ich viele Familien, die ihren arbeitsfreien Tag mit einem längeren Spaziergang feierten.

Die Wegmarkierung wurde mager. Nun gut, ich hatte schon alle Intensitäten von Markierungen gehabt: Häuser, die mit jenen gelben Markierungspfeilen übersät waren (sechs Pfeile nach rechts; ich glaube, diese Ruine möchte mir etwas sagen …) und Abschnitte, bei denen nur der Anfang markiert war ("Bitte biegen Sie hier ab …") und auf denen der Pilger dann bis zur nächsten Kreuzung sich selbst überlassen blieb. Nun lag die letzte Wegmarkierung allerdings schon so lange zurück, dass ich mir nicht sicher war, nicht doch in Gedanken versunken einen Abzweig versäumt zu haben. Zwar passte der Weg zur Beschreibung in meinem Wanderführer, aber Bestätigung durch einen jener gelben Pfeile am Wegesrand wäre von meiner Seite jedoch sehr begrüßt worden. Was nun? Daran zweifeln, dass ich auf dem richtigen Weg war, und umdrehen? Oder hoffen, dass ich nicht verträumter Weise (mal wieder) eine

Abzweigung übersehen hatte? Der Jakobsweg scheint solche Überlegungen erahnen zu können, kurz darauf beruhigte mich ein gelber Pfeil an einem der Bäume, dass ich noch immer auf dem richtigen Weg war.

Ich erreichte das Kloster San Juan de Ortega. Sein Namensgeber hatte sich einige hundert Jahre zuvor auf den Weg gemacht, Santiago de Compostela zu erreichen. Unterwegs fand er seine Berufung und widmete sein Leben den Pilgern, die ihm nachfolgten.

Die Kirche des Klosters war offen und bot eine kurze Pause vor dem beißend kalten Wind. Ein prachtvoll geschmückter Sarkophag in der Mitte des Hauptschiffes schien die Überreste des Adeligen zu beherbergen. Eine Wendeltreppe führte hinab in die unbeleuchtete Krypta der Kirche. Ich zog die Taschenlampe, die ich für solche Momente immer bei mir trage, aus der Hosentasche und betrat die kühle Dunkelheit. Die Krypta war groß und weit. In dem Raum mit seiner hohen Decke hätten problemlos einhundert und mehr Menschen Platz gefunden. Ein schlichtes Kreuz hing an der Kopfseite, eine polierte Steinplatte befand sich auf dem Boden inmitten der Krypta. Auf ihr fand ich den Name des Edelmannes. Vielleicht wurde der Sarkophag in der Kirche aus repräsentativen Gründen errichtet, das schlichte Grabmahl in der Krypta war in meinen Augen passender für einen Pilger als das prachtvolle Denkmal eine Etage über mir.

Das Kloster verfügte auch über eine Herberge, allerdings war es noch recht früh am Nachmittag, so dass mich meine Füße wieder auf den Weg zogen. Auch wenn zumindest der rechte nichts dagegen gehabt hätte, sich ausruhen zu können. Ich durchquerte ein Waldgebiet und erreichte entlang von Weiden und Feldern erst Agés, eine knappe Stunde später dann Atapuerca.

Am Rande des Ortes gab es einen kleinen archäologischen Park, in dem die Lebensweise der Menschen dieses Landstriches in der Steinzeit vorgestellt wurde. Eine schlichte Kirche thronte hoch über dem Dorf. Letztere fand ich in ihrer stillen Einfachheit interessanter. Zwar war sie (daran hatte ich mich inzwischen gewöhnt) geschlossen, aber sie wies außen eine interessante Besonderheit auf: Der Übergang des Hauptschiffes in den Altarbereich erzeugte einen rechten Winkel in der Außenwand der Kirche. Eine etwa zwei Meter hohe Mauer schloss diesen ab, so dass sich zwischen den Außenmauern der Kirche und der Umgrenzung ein Dreieck ergab, das durch keine Tür zugänglich war. Wildwuchs hatte sich dieses kleine Biotop erschlossen, Ranken und Zweige ragten aus diesem kleinen Fleck Unerreichbarkeit heraus.

Die Herberge "La Hutte" lag knapp unterhalb der Kirche neben einem Restaurant. Im Sommer wurde sie von französischen Freiwilligen betreut, im Winter kümmerte sich der Besitzer des benachbarten Restaurants um sie. Diese Herberge kann man einfach nur als urig bezeichnen: Sie besteht aus einer alten Scheune, die liebevoll wiederhergerichtet wurde. Die lehmverspachtelten Wände wurden in warmen Tönen gestrichen, indirekte Beleuchtung erhellt den Raum. Wände trennen den Eingangsbereich mit einer kleinen Küche und einem gusseisernen Ofen sowie den Waschraum von den Betten ab.

Zwei Spanier waren bereits eingetroffen und gerade damit beschäftigt, den kleinen Ofen zu Höchstleistungen zu animieren. Die Herberge war von den Temperaturen her nämlich alles andere als gemütlich, sie hatte eher das Flair einer Tiefkühltruhe. Zum Glück lagen genügend Decken auf den Betten, um den Temperaturbereich meines nicht übermäßig dicken Schlafsackes um mehr als ein Dutzend Grad Celsius nach unten zu erweitern. Der eiskalte Wind, in dem ich den ganzen Tag über gelaufen war, hatte mich trotz winddichter Kleidung ausgekühlt, meine erste Priorität war also eine heiße Dusche. Zum Glück stand die Leistungsfähigkeit des Boilers im krassen Gegensatz zur Raumtemperatur der Herberge: Ich drehte den Wasserhahn der Dusche auf und erhielt eine Wassertemperatur, die eher zum Kochen als zum Duschen geeignet zu sein schien.

Somit ergab sich nur noch ein Problem: Zwischen dieser angenehm heißen Dusche und mir stand mindestens eine Minute der Nacktheit. Eben jene Zeit, die nötig war, um bis zu vier Schichten Kleidung an meinem Körper so im Bad zu deponieren, damit sie nicht durchnässen würden, um die Dusche auf eine betretbare Wassertemperatur zu regulieren und schließlich vorsichtig darunter zu steigen, ohne auf dem feuchten Boden auszurutschen und diesen Tag nackt, frierend, nass und mit schmerzverzerrtem Gesicht auf dem Boden eines Waschraums zu beenden. Es kostete mich einiges an Überwindung, diesen Schritt zu unternehmen. Erstmal unter der heißen Dusche, kostete es mich anschließend fast noch mehr Überwindung, das heiße Wasser wieder abzudrehen und in einen bekleideten Zustand zurückzukehren. Da das Gebäude jedoch keinerlei Zwischendecke hatte, war ich gerade auch dabei, die gesamte Herberge mit Wasserdampf einzunebeln. Das war ein guter Grund, die Duschorgie nicht endlos hinzuziehen.

Angesichts einer Wäscheleine, die man quer durch den Aufenthaltsraum und vor allem über den Ofen spannen konnte, bot es sich an, ein paar meiner Kleidungsstücke zu waschen. Und diese anschließend kunstvoll auf der Leine zu drapieren und vor allem sich ganz nah an den Ofen zu setzen, damit der aufwärmende Effekt der Dusche nicht sofort nachließ. Die anderen beiden Pilger hatten die gleiche Idee. Ich hatte also mal wieder eine gute Gelegenheit, meine Spanischkenntnisse einem Praxistest auszusetzen. Während ich zu Fuß unterwegs war, reisten sie hybrid: Sie hatten ein Fahrrad und ein Auto und wechselten sich damit tageweise ab. Somit musste sich der Radfahrer nur mit seinem Tagesgepäck belasten.

José, der Pilger mit dem großen Schirm, traf durchgefroren etwa eine Stunde nach Einbruch der Dunkelheit ein. Kurz zuvor hatte eine Gruppe junger spanischer Pilger hereingeschaut und die Herberge wohl als zu primitiv eingestuft, um dort die Nacht zu verbringen. Sie verschwanden so überraschend, wie sie gekommen waren. Die Herberge in Agés bot (angeblich) eine Heizung und Massagen für den müden Pilger, mir lagen diese rustikalen Unterkünfte jedoch eher.

Meine spanischen Freunde verabschiedeten sich, um der Bar des Ortes den obligatorischen Abendbesuch abzustatten. Ich lehnte dankend ab, genoss lieber die Ruhe und das beruhigend Lodern der Flammen im Ofen. Eigentlich hatte ich ja Lust, lieber essen zu gehen als mir heute Abend selbst etwas zu kochen, andererseits hasse ich es, alleine in einem Restaurant zu sitzen. Ich entwendete meinem Rucksack also eine Tafel Schokolade und ein Paket Nudeln und begann mit dem Kochen.

Zwei Stunden später lag ich satt und warm auf der Bank vor dem Ofen. Der Hospitalero hatte uns noch genug Holz vorbeigebracht, um den Rest des Abends über die Herberge zu beheizen. Jetzt war ich todmüde und wäre im Schlafsack wahrscheinlich besser aufgehoben gewesen, aber warum aufstehen und ins Bett gehen, wo man gerade so bequem am Feuer dösen kann?

Gerade als ich mich durchgerungen hatte, doch dem Schlafsack den Vorzug gegenüber der harten Holzbank zu geben, kamen die Spanier zurück. Sie luden mich ein, sie in das benachbarte Restaurant zu begleiten. Über die Zeitverschiebung zwischen deutschem und spanischem Hungergefühl sollte ich noch häufiger stolpern. Da ich jedoch gerade den Zustand satt, warm, zufrieden und todmüde erreicht hatte, lehnte ich ihre Einladung dankend ab und verzog mich stattdessen in meinen Schlafsack. Zwei über ihn gelegte Decken unterstützten ihn dabei, die Nachtkälte abzuhalten; ich schlief schnell ein und bekam nicht mehr mit, als die anderen Pilger vom Abendessen zurückkamen.

Pilgermuschel am Rucksack

Auf dem Weg nach Los Arcos

Los Arcos

Iglesia San Juan de Ortega

Herberge 'La Hutte' in Atapuerca

In der Meseta Norte: Hornillos del Camino

Fuente San Bol: Vision der Ankunft am Kap Finisterre

Castrojeriz

Ruine San Antón

Wegmarkierung in der Meseta Norte

Morgenstimmung

Unterwegs

Friedhof bei León

Hospital del Orbigo

Tardajos

Die zwei Decken und mein Schlafsack schützten mich sehr effektiv vor der Kälte in der alten Scheune. Darunter war es warm und gemütlich; und das machte es mir am nächsten Morgen sehr schwer, wieder unter ihnen hervorzukriechen. Das Geschnarche des einen Hybridradlers hatte mich wieder bewogen, die Nacht mit Ohropax zu verbringen; und als ich morgens wach wurde, hatten die anderen Pilger die Herberge bereits verlassen. Ich siegte über den inneren Schweinehund, krabbelte aus meinem Schlafsack und schlüpfte in meine tiefgekühlte Kleidung. Schnell packte ich meinen Rucksack und ließ die Herberge hinter mir.

Der Morgen war beißend kalt, Nebel war aufgezogen und verschleierte die Landschaft. Laut meinem Wanderführer sollte Atapuerca über einen Dorfladen verfügen. Dieser war schnell gefunden, allerdings hatte er geschlossen. Mit einem resignierenden Seufzer entlockte ich meinem Rucksack die letzte Packung Kekse und ließ die Siedlung hinter mir. Ich bestieg eine Anhöhe und hatte nun eine Aussicht auf Burgos. Wie ein Krebsgeschwür breitete sich die Industriestadt mit ihren mehr als 160000 Einwohnern vor mir aus.

Mein Pilgerführer wies eine nette Nebenroute aus, die erstens das Industriegebiet im Nordosten der Stadt umgehen, zweitens den Pilger durch Parkanlagen entlang des Flusses Arlanzón führen und einen Besuch des Karthäuserklosters ermöglichen sollte. Sehr bald musste ich allerdings feststellen, dass der tatsächliche Wegverlauf sich nicht mit dem meines Buches deckte, und anstatt durch Parkanlagen zu wandeln, stand ich plötzlich am Rande des besagten Industriegebietes.

Als besonders malerisch konnte man den Weg nicht gerade bezeichnen, aber zumindest kam ich schnell vorwärts. Nach einer Stunde auf dem breiten Gehweg einer zweispurigen Straße erreichte ich das Zentrum der Stadt, welches mir auch prompt einen Supermarkt anbot, der mich mit den Segnungen der Zivilisation versorgte: Brot, Joghurt und Weihnachtsplätzchen. Ich suchte mir eine sonnige Bank am Rande eines Spielplatzes, schaute den Kindern zu und gönnte mir ein zweites Frühstück.

Die Gassen wurden älter und schlanker, die gelben Pfeile führten mich direkt zur Kathedrale in Burgos. Die Fassade dieses gothischen Gebäudes war beeindruckend, seine schlanke, hohe und sehr detailverliebte Bauweise zeigte mir mal wieder, zu welch architektonischen Leistungen die Menschen des Mittelalters bereits fähig waren. Eine Besichtigung der Kirche musste ausfallen, da in ihr gerade eine Hochzeit stattfand. Ich besuchte kurz den Platz vor der Kirche und schoss meine obligatorischen Fotos, dann zog ich mich wieder auf die Treppe oberhalb des Platzes zurück, stellte mich in die Sonne und beobachtete das Treiben.

Braut und Bräutigam verließen die Kirche zusammen mit Familie und Freunden, es wurden Blumen und Reis geworfen. Es muss für diese zwei ein einmaliges Erlebnis gewesen sein, in dieser im 15. Jahrhundert fertig gestellten Kathedrale den Bund fürs Leben geschlossen zu haben. Er schien etwa Ende Dreißig zu sein, sie ein paar Jahre jünger. Man sah ihnen an, wie sehr sie sich liebten. Offenbar typisch für eine spanische Hochzeit, entzündeten Freunde des Bräutigams ein Feuerwerk: Zwei Reihen Böller explodierten mit einem Lärm, der eher an das Sturmreifschießen einer Festung erinnerte als an ein Silvesterfeuerwerk und garantiert alle bösen Geister aus der Umgebung des Brautpaares vertrieb (wahrscheinlich sind auch die guten erst mal in Deckung gegangen) und auf solchen Radau nicht vorbereitete Kleinkinder in Panik ausbrechen ließ.

Die vom Brautpaar engagierte Fotografin erweckte meine Aufmerksamkeit: Sie fiel aufgrund ihrer Unangepasstheit auf. Während alle anderen Mitglieder der Hochzeitgesellschaft in feinstem Zwirn angetreten waren, trug sie pragmatisch Jeans und eine dicke Daunenjacke. Ungeduldig wartete sie darauf, dass das Brautpaar sich der Verwandtschaft entreißen und ihr endlich als Motiv zur Verfügung stehen konnte. Sie umkreiste die geladenen Gäste und wartete auf ihre Gelegenheit. Schließlich führte sie energisch das Paar aus der Menge, scheuchte auf den Hochzeitsbildern unerwünschte Gäste aus dem Motiv und begann mit ihrer Arbeit. Nach den Gruppenbildern entführte sie resolut Brautpaar und Trauzeugen und begann damit, die ersten beiden Personen von einer atemberaubenden Pose in die andere zu dirigieren. Ihre Methodik, trotz Außentemperaturen unter dem Gefrierpunkt noch immer solche Bilder zu komponieren, war sehr amüsant: Geschickt drapierte sie die Kleidung von Braut und Bräutigam, bis jeder Faltenwurf perfekt saß; wer sich nicht gerade auf dem Foto befand, wurde kurzerhand auch mal zum Garderobier befördert. In diesem Augenblick tat es mir leid, nur über Grundkenntnisse in der spanischen Sprache zu verfügen, die vollkommenen unzureichend waren, um ihr zu erklären, wie sehr mir dieser Anblick gefiel. Ihre direkte Vorgehensweise erinnerte mich so sehr an die meine; es war, als würde man mir einen Spiegel vorhalten. So schmunzelte ich leise und zog weiter.

Ich fühlte mich wohl in diesem Augenblick. Der Camino war älter als die Gassen dieser Stadt. Mir war, als wäre ich in diesem Augenblick die Inkarnation all jener, die diesen Weg vor mir gegangen waren. Es war ein gutes Gefühl.

Eine Pilgerin trat in mein Blickfeld. Sie entpuppte sich als die gut eingepackte Kanadierin aus der Herberge in Belorado. Und sie vermittelte mir erstmal eine sehr interessante Lektion: Frankokanadier sprechen nicht unbedingt Englisch. Tatsächlich war ihr Spanisch sogar besser als ihr Englisch, womit wir uns auf gleichem Niveau in einer für uns noch recht neuen Fremdsprache unterhalten durften. Ihr Freund und Robert waren vorausgelaufen, um ihr in der Herberge eine Geburtstagsüberraschung zuzubereiten. Sie hatte nun die Aufgabe, beim Betreten der Herberge in Burgos die Überraschte zu spielen und in möglichst authentischen Jubel auszubrechen. Wir erreichten den Park und die dort in einem Holzbau befindliche Herberge. Es war erst 14:00 Uhr, und ich war in Lauflaune, also trennten sich hier unsere Wege: Sie bog nach links in die Herberge ab, ich verließ geradeaus die Stadt.

Es war erstaunlich: Hatte es über eine Stunde gedauert, um sich von Osten kommend durch das Industriegebiet zur Altstadt von Burgos durchzukämpfen, so dauerte es keine Viertelstunde vom Verlassen des Parks an, um die Stadt hinter sich zu lassen. Karge Felder lagen vor mir und boten mir einen Ausblick auf die Meseta Norte, das kastilische Hochland. Mein Wanderführer bezeichnete diese Landschaft als die Tierra de los Campos, das Land der Felder.

Es dauerte etwa zwei Stunden, bis ich Tardajos erreichte. Das Dorf bot einen kleinen, aber leider verschlossenen Laden. Die Herberge im Ort war nicht betreut und hatte laut Herbergsführer keine Küche, weswegen ich es vorzog, noch eine halbe Stunde bis nach Rabé de las Calzadas weiterzulaufen, wo es laut meinem Herbergsführer immerhin zwei ganzjährig betreute Herbergen geben sollte. Müde erreichte ich nach einer halben Stunde den Ort und lief durch schmale, alte Gassen. Beide Herbergen waren gut ausgeschildert, schnell zu finden und geschlossen.

Ich ließ mich müde auf eine Bank fallen. Was nun? Hornillos del Camino lag acht Kilometer entfernt entlang des Weges und würde zwei Herbergen bieten, die Herberge in Tardajos lag nur zwei Kilometer entfernt, allerdings würde ich dafür zurücklaufen müssen. Für die acht Kilometer nach Hornillos hätte ich zwei Stunden gebraucht, und in einer Stunde wäre die Sonne untergegangen. Ich fühlte mich nicht mehr fit genug, um heute schon in die Meseta Norte vorzustoßen und im Dunklen nach Hornillos zu tapsen, drehte daher um und lief nach Tardajos zurück.

An der Herberge fand ich ein Schild, welches mich aufforderte, den Schlüssel für die Herberge beim Bürgermeister abzuholen. Sein Haus lag gegenüber auf der anderen Seite des Platzes. Ich klingte dort, sagte mein Sprüchlein auf und bekam den Schlüssel. Die Herberge entpuppte sich als eine saubere, aber leider tatsächlich küchenlose Unterkunft. Außerdem war sie ungeheizt. Die Temperatur in den Räumen lag nahe dem Gefrierpunkt, ich fand aber zwei mobile Heizkörper, die ich dafür begeistern konnte, einen der Schlafräume aufzuwärmen. Sehr begeistert war ich von der Herberge nicht; diese Geisteshaltung änderte sich aber schlagartig, als ich mal kurz vor die Haustür trat: Draußen ging ein Wolkenbruch runter, wäre ich nicht umgedreht, wäre ich trotz Goretex jetzt bis auf die Haut durchnässt worden. Auf einmal mochte ich meine kleine Herberge. Ich würde sie für diese Nacht alleine haben.

Die beiden Heizkörper taten ihr Bestes, um Temperaturen zu bewerkstelligen, unter denen ich auf ein paar Schichten Fleecebekleidung verzichten konnte. Mein Abendessen bestand aus ein wenig Brot und Weihnachtsplätzchen, ich schrieb Tagebuch und gratulierte einer Jugendfreundin via Mobiltelefon herzlichst zum 30. Geburtstag. Ich ging früh zu Bett und schlief tief und fest bis zum nächsten Morgen.

Itero de la Vega

Meine beiden Heizkörperchen hatten die Nacht über gute Arbeit geleistet: Ich entschlüpfte meinem Schlafsack in ein wohlig warmen Dormitorio und erlitt einen Kälteschock, als ich in das immer noch schockgefrostete Bad zu huschen versuchte. Mein Frühstück fiel mager aus, es war Sonntag, der Dorfladen in Tardajos war noch immer geschlossen, und mein Proviantbeutel war nicht besonders gut gefüllt: Drei Kekse, zwei Äpfel und eine Tüte Studentenfutter waren übrig geblieben. Die Dezemberkälte hatte den Wolkenbruch des vergangenen Abends in Glatteis verwandelt, ich schlitterte nun über den kleinen Platz zur Wohnung des Bürgermeisters, legte dort (wie am Vorabend abgesprochen) den Herbergsschlüssel hinter den Blumentopf und marschierte dann zum zweiten Mal nach Rabé de las Calzadas. Diesmal war es deutlich schwieriger, denn auf der spiegelglatten Landstraße neigten die Wanderschuhe doch permanent dazu, in Richtung Straßengraben abzurutschen.

Hinter dem Dorf begann nun das kastilische Hochland. Ich brauchte wie erwartet etwa zwei Stunden, um Hornillos zu erreichen. Die Landschaft war eine neue Erfahrung: Wohin auch immer ich gereist war, siedelte man an Flüssen (als natürliche Verkehrsadern) oder auf Hügeln (falls die Flüsse mal einen Drang zum Hochwasser entwickeln). Hier siedelte man in den Vertiefungen, so dass der Wind über die Dörfer hinwegfegte und sie Inseln der Windstille in dem kargen Land waren. Das Dorf schien im Winterschlaf zu liegen, ich sah keinen anderen Menschen, als ich es durchquerte.

Die Meseta Norte ist landwirtschaftlich erschlossen, aber kaum besiedelt: Zwischen den Dörfern liegen mehrere Stunden Fußmarsch, und die Felder erstrecken sich in alle

Richtungen bis zum Horizont. Im Norden sieht man die Gipfel des Picos de Europa. Es war eine friedliche Art des Reisens: Ein leichter, aber eiskalter Wind fegte über das weite, flache Land. Der Himmel war eisblau, und die Wintersonne gab sich alle Mühe, zumindest in den windstillen Flecken für ein wenig Wärme zu sorgen. Ein Schild am Straßenrand verkündete, dass die Herberge San Bol geöffnet wäre. Diese Kultherberge ordneten meine beiden Bücher jedoch als Sommerherberge ein, so nahm ich an, dass im Zug des herbstlichen Aufbruchs eben dieses Schild vergessen worden war. Ich hoffte nur, es leitete keine Pilger in die Irre.

Am Rande des Weges lag ein kleiner Lieferwagen im Graben. Das Zündschloss war herausgebrochen, die Zündkabel hingen lose herunter. Ansonsten war der Wagen in einem guten Zustand; sah man mal von der Tatsache ab, dass Autos normalerweise nicht auf der Beifahrerseite im Graben liegen. Wahrscheinlich war der Fahrer in der S-Kurve geradeaus weitergefahren und im Graben stecken geblieben. Warum das Auto nicht herausgezogen worden war, blieb mir ein Rätsel.

Nach einer Stunde erreichte ich die (wie erwartet) geschlossene Herberge Fuente San Bol. Sie lag mitten im Hochland zwischen Hornillos und Hontanas, war sehr primitiv, aber auch sehr beliebt. Während meiner Recherche über diesen Weg bin ich des häufigeren über ihren Namen gestolpert. Im Sommer dürfte es hier sehr schön sein: Ein kleiner Hain spendete Schatten, eine Quelle sorgte für kaltes und klares Wasser. Die Waschräume bestanden aus einem Plumpsklo auf der Bachböschung, die Schlafräume aus einem großen Dormitorio, dass das gesamte Gebäude einzunehmen schien. Die Betonmauer zur Straße hin war kunstvoll mit kleinen Bildern über die Pilgerschaft bemalt worden. Mir hätte es hier gefallen.

Ich schulterte wieder meinen Rucksack und machte mich zurück auf den Weg. Ein Radpilger kam mir entgegen, mein "¡Hola, buenos dias!" wurde mit einem schüchternen "Buen camino" erwidert, und fort war er. Schulterzuckend lief ich weiter. Bald erreichte ich Hontanas. Der Ort kuschelte sich in ein Loch in der Ebene und wich dem Wind aus. Er sah lieblich aus mit seinen alten Häusern und wohlig erscheinenden Herbergen. Aber es war erst später Mittag, viel zu früh, um sich ein Nachtlager zu suchen. Ich lief weiter.

Die Überreste des Klosters San Antón fand ich direkt am Jakobsweg. Schon im Mittelalter kümmerte man sich hier um Pilger, heute beherbergen die Ruinen im Sommer eine Freiluftherberge. Im Dezember war diese jedoch geschlossen. Ich hatte Glück: Die Besitzer hatten gerade das große Tor geöffnet, und ich konnte alleine die altehrwürdige Ruhe der gotischen Ruine genießen. Riesige Taubenschwärme bewohnten die hohen Gemäuer.

Ich folgte weiterhin der Landstraße und erreichte bald Castrojeriz. Der recht große Ort schmiegt sich an einen Hügel, auf dem die Überreste einer Burg stehen. Viele alte Häuser aus luftgetrockneten Ziegeln säumten die Dorfstraße. Bei genauerem Hinsehen zeigte sich, dass von ihnen nur noch die Fassade stand, dahinter wucherten dornige Ranken über den Resten der eingebrochenen Dächer. Die Gemeindeherberge in dem Ort hatte ich schnell gefunden; aber ich hatte schon vorher erfahren, dass sie geschlossen sein würde. Die ganzjährig geöffnete private Herberge zu finden, kostete mich ganze drei Dorfdurchquerungen. Als ich endlich vor ihr stand, hatte sie geschlossen. (Später sollte ich erfahren, dass der Hospitalero im Sommer verstorben war, und seine Erben noch nicht entschieden hatten, was aus dem Gebäude werden sollte.)

Was nun? Ich war müde und erschöpft. Hontanas lag 10 km zurück, Itero de las Vega fast 12 km voraus. Ich akzeptierte mein Schicksal und stapfte auf den Tafelberg westlich des Dorfes zu. Der Jakobsweg führte dort steil hinauf und bot von oben einen atemberaubenden Anblick: Nach Osten hin lag Castrojeriz umgeben von kleinen Hügeln, nach Westen sah hin weites, offenes Land. Der Abstieg führte sanft hinunter in die Ebene. Die Sonne näherte sich dem Horizont, die Abenddämmerung setzte ein.

Bald erreichte ich die Sommerherberge San Nicolás. Hier soll die Pilgertradition mit am intensivsten noch gelebt werden, die Hospitaleros waschen ankommenden Pilgern die Füße. Im Dezember war das Gebäude verschlossen, leise plätscherte der Río Pisuerga neben dem Gebäude. Eine lange Brücke, die noch aus den Zeiten der Römer zu stammen schien, überquerte den Fluß. Ein Feldweg führte nach Itero de la Vega. Die Sonne war verschwunden, die Abenddämmerung auch, die Nacht begann.

Der Ort sollte über zwei Herbergen verfügen: Eine unbetreute Gemeindeherberge und eine private Herberge, die sogar warme Mahlzeiten servierte. Die Gemeindeherberge war unauffindbar, die private Herberge aber schnell gefunden. Nur war niemand da. Ein Schild an der Tür verkündete etwas in Vokabeln, die mir in meinem Spanischunterricht bisher noch nicht begegnet waren. Ich entwand meinem Rucksack ein kleines Wörterbuch und begann mit der Übersetzung. "Kommt rein und macht es Euch gemütlich." Na, das ließ ich mir nicht zweimal sagen. Das Haus war dunkel, aber zumindest konnte ich den Rucksack absetzen und aus den Schuhen schlüpfen.

Der Hospitalero kam kurz darauf. In den letzten Tagen war ich mit meinem bisschen Spanisch so gut zurechtgekommen, er jedoch überfiel mich mit einem

Redeschwall, dem ich noch nicht einmal einzelne Vokabeln entreißen konnte. Er zeigte mir mein Zimmer (ein gemütliches Doppelzimmer mit Blick in den Garten) und die Waschräume. Ich fragte ihn nach einem Abendessen und erhielt als Antwort wieder einen Redeschwall. Halt! Ich fasste zusammen, was ich von seiner Rede verstanden hatte und bat ihn, mit einem einfachen "sí" oder "no" zu bestätigen, dass ich ihn richtig verstanden hatte. Das ging gar nicht mal so schlecht: Übernachtung fünf Euro ("sí"), Abendessen auch fünf Euro ("sí") und zwar um acht Uhr ("sí"). Prima. Ich dankte meinem Herbergsvater und verschwand unter die heiße Dusche.

Das Abendessen entpuppte sich im Vergleich zu der spartanischen Kost der letzten Tage als Festmahl. Es gab den in Spanien obligatorischen Wein (die Provinz La Rioja ist bekannt für ihren sehr leckeren Rotwein) und Brot und begann mit einer typisch katalonischen Suppe. Dass Sopa al Ayo Knoblauchsuppe bedeutet, wusste ich ja noch. Aber was waren diese schleimigen Streifen in der Suppe? Ekel kam hoch und duellierte sich mit meiner Neugierde. "Du wolltest spanisches Essen, jetzt isst Du es auch." Tapfer löffelte ich die heiße Suppe und musste feststellen, dass sie überraschend lecker war. (Tage später erfuhr ich, dass es in Katalonien üblich ist, Weißbrotstreifen in die Suppe zu legen und diese mitzukochen. Das war die Ursache der schleimigen Grundsubstanz. Es lohnt sich also, kulinarische Risiken einzugehen; nicht immer sind die Zutaten so schlimm, wie es das Endprodukt vermuten lässt.) Die Menge Knoblauch in der Suppe schätzte ich auf mindestens eine Knolle, Vampire hätten in dieser Nacht garantiert keine Chance gegen mich gehabt. Weiter ging es mit Tomaten, Tortilla und Putensteaks. Wohlgenährt und glücklich dankte ich meinem Gastgeber und verkroch mich in meinen Schlafsack.

Carrión de los Condes

Itero de la Vega lag noch im Tiefschlaf, als ich aufbrach. Die Nacht hatte Bodennebel hinterlassen, der auf den Feldern gefror und als dünner Schleier auf dem Land lag. Es war klirrend kalt. Der kleine Lebensmittelladen schlief auch noch tief und fest, also zog ich die letzte Tüte Nüsse als Frühstück aus meinem Rucksack. Der Proviantsack hatte nun sehr viel Ähnlichkeit mit einem Taschentuch: Er nahm etwa genauso viel Platz weg, als ich ihn leer zurück in den Rucksack steckte, und bot in etwa den gleichen Nährwert.

Die aufgehende Sonne vertrieb den Nebel, nicht aber die Kälte. Ein eiskalter Wind zog sanft aus Südwesten kommend über das Land. In dieser Richtung wähnte ich Gegenden wie Andalusien, die Kanarischen Inseln und die Azoren. Es wunderte mich also, wie dieser eher Grönland zu entspringen scheinende Wind sich dorthin verirrt hatte, um von dort aus den Norden Spaniens in einen Kühlschrank zu verwandeln.

Nach zwei Stunden erreichte ich Boadilla del Camino. Mein Wanderführer versprach für diesen Ort einen Lebensmittelladen, aber finden konnte ich diesen nirgendwo. Mein Spanisch half mir auch nicht weiter: Die Straßen im Ort waren an diesem Montagmorgen menschenleer. Einen Kilometer hinter dem Dorf traf ich auf den Kanal von Kastilien. Im 18. Jahrhundert als Wasserstraße angelegt, dient er heute nur noch für die Bewässerung der Felder. Der Camino folgt diesem Kanal für drei Kilometer.

Das Wandern in der Meseta Norte ist ein einsames Unterfangen: Selten sah ich andere Menschen, nie kamen sie in Rufweite. Das Wasser floss leise den Kanal entlang. Es war eigentlich ein ganz schöner Tag, nur mein Magen fing langsam an zu quengeln und bestand darauf, endlich etwas Nachhaltiges gefüttert zu bekommen..

Am Rande der Kleinstadt Fromista hinderte eine Schleuse die Wassermassen daran, ungebremst ein Dutzend Höhenmeter zu verlieren und sich in das nächste, etwas tiefer liegende Kanalstück zu ergießen und dabei das gerade begangene Teilstück trockenzulegen. Da der Kanal nicht mehr befahren wurde, waren die Schleusentore vor langer Zeit entfernt und das oberste Tor durch eine Staumauer ersetzt worden. Gähnend weit blickte die Schleuse nun nach Süden. Durch Risse in der Staumauer sickerte Wasser hindurch. Ich überquerte die Schleuse und betrat die Stadt. Ich fand den langersehnten Supermarkt und gönnte mir ein Festmahl aus Obst, Flan (ein für Spanien typischer Eierpudding) und frischem Baguette. Der Proviantsack schluckte die restlichen Einkäufe und hatte ernsthafte Schwierigkeiten, sich wieder in den Rucksack hineinzuzwängen. Für die nächsten Tage war ich erstmal ausreichend versorgt.

Beim Verlassen der Stadt stoppte mich ein Hospitalero: Er hatte sich den Sommer über im Auftrag einer deutschen Jakobusgesellschaft um eine Herberge gekümmert, nun stand seine Heimreise nach Frankfurt kurz bevor. Er nutzte nun die letzten Tage vor seiner Heimreise dafür, Teilstücke des Caminos in umgekehrter Richtung zu begehen. Er berichtete mir, dass in Carrión de los Condes die Herberge im Kloster wegen Renovierungsmaßnahmen geschlossen wäre, und riet mir, mich gleich in die Herberge der Pfarrei zu begeben. Schade, ich hatte mich schon auf eine Nacht in diesem Kloster gefreut.

Ich passierte Población de Campos und erreichte im Laufe des Nachmittags Villalcázar de Sirga. Die Kirche des Ortes ist der Rest eines Templerklosters. Wie die anderen Kirchen auch, war auch diese verschlossen; mir blieb nur übrig, ihre

Architektur von außen zu bewundert. Spuren der Templer sind überall entlang des Jakobsweges zu finden. Der Orden hatte es sich zur Aufgabe gemacht, die Pilgerwege zu schützen und den Pilgern Obdach, Fürsorge und sicheres Geleit zu gewährleisten. Zu diesem Zweck hatten die Templer im Mittelalter entlang der Pilgerrouten in ganz Europa ihre Niederlassungen errichtet. Sogar ein Bankwesen gehörte zu ihrem Angebot: Pilger zahlten ihr Vermögen auf eine Art Sparbuch ein und konnten dann auf ihrer Wanderschaft unterwegs an Stützpunkten der Templerritter Geld abheben. Schnell waren sie so zu einer finanziellen und militärischen Macht in Europa geworden, in der vor allem das französische Königshaus eine Bedrohung sah. König Philipp IV., selbst beim Templerorden hochverschuldet, nutzte die Rituale der Templer, um sie als Götzendiener zu diffamieren und die Vernichtung des Ordens einzuleiten. Heute erinnern nur noch Überreste ihrer Niederlassungen an ihre Präsenz.

Gegen 17:00 Uhr erreichte ich Carrión de los Condes. Das Kloster war von Baugerüsten umstellt, ein kleines Schild verwies Pilger in die Herberge der Pfarrei. Zum Glück liegt die Iglesia Santa Maria mitten im Ort und war schnell gefunden. Ein Zettel im Fenster der Herberge bat darum, bei verschlossener Eingangstür doch bitte in der Pfarrei zu klingeln. Pater Gerardo öffnete mir und ließ mich in die Herberge. Diese war recht groß, aber leer und ungeheizt. Kastilien hat einen ähnlich langen und kalten Winter wie Deutschland, während bei uns jedoch jedes Haus über eine Heizungsanlage verfügt, scheint man sich in Spanien auf die sehr heißen Sommermonate zu konzentrieren und die Winterkälte bei der Konstruktion bzw. Restauration von Gebäuden schlichtweg zu ignorieren.

Gerardo bot mir an, im Trockenraum der Herberge zu schlafen: Für Winterpilger gab es dort ein paar Matratzen. Ich nahm das Angebot dankend an, schlief ich doch lieber auf dem Boden als im Tiefkühlschrank. Das Duschen verkniff ich mir an diesem Abend: Ich konnte den Boiler im ersten Stock nicht so recht dazu überreden, das Wasser auf eine Temperatur zu erhitzen, die ich als lohnenswert angesehen hätte, um meine bis zu vier Schichten Fleecekleidung abzulegen. Gerardo war noch so nett, mir einen gasbetriebenen Heizstrahler in die Küche zu stellen, um diese auf wohlige Temperaturen aufzuwärmen.

Leider verfügte die Herberge über keine Kochgelegenheit, sondern nur über eine Mikrowelle. Mit dieser Art des Kochens stehe ich auf einem ganz persönlichen Kriegsfuß, ich akzeptierte also, dass an diesem Abend die Küche kalt bleiben würde. Gerardo hatte mir erklärt, wo der nächste Supermarkt zu finden war; ich erstand dort Brot, Wurst, Joghurt, Obst und Saft und machte mir daraus ein reichhaltiges Abendessen.

Die Blase an meinem rechten Fuß begann langsam, mir ernsthaft Sorgen zu bereiten. In die Wanderschuhe zu schlüpfen wurde mehr und mehr zu einem Akt des Masochismus. Es dauerte morgens bis zu einer Stunde, bis sich mein Körper an den Schmerz gewöhnt hatte und ich halbwegs ohne Humpeln weiterlaufen konnte. In der ersten Blase hatte sich eine zweite gebildet, ich lief teilweise auf dem blanken Fleisch. Das Blasenpflaster schien nicht gerade der Weisheit letzter Schluss zu sein, aber andere Alternativen kannte ich nicht. Ich konnte mir den Luxus nicht erlauben, drei Wochen zu pausieren, um die Blase verheilen zu lassen. Die Füße würden die verbliebenen 500 km schon noch durchhalten müssen.

Sahagún

An manchen Tagen vermisst man einfach ein Fahrrad. Vor einigen Jahren hatte ich mich mal mit dem Gedanken beschäftigt, ob sich ein Auto für mich wirklich rechnet. Ich wohne in der Stadt, kann sowohl die grünen Flußauen als auch die Innenstadt oder den Bahnhof zu Fuß in fünfzehn Minuten erreichen und erledige eigentlich jeden Weg im Umkreis von 15 km mit dem Rad. Für die 2000 km, die ich meinen in die Jahre gekommenen Volkswagen Golf noch im Jahr genutzt hatte, lohnte sich der Unterhalt dieses Fahrzeugs nicht. Ich verkaufte den Wagen, holte mir noch ein zweites Fahrrad und stellte fest, dass man auch ohne Auto leben kann.

Der Weg von Carrión de los Condes nach Calzadilla de la Cueza ist 17 km lang und nahezu schnurgerade. Ohne nennenswerte Steigung zieht er sich nach Westen. Einzige Abwechslung auf diesem Teilstück waren die Mähdrescher, die an mir vorbeizogen, um die letzten Getreidefelder abzuernten. Es kostete mich den Vormittag und eine Packung Magdalenas, um Calzadilla de la Cueza zu erreichen. Wie gesagt: An manchen Tagen vermisst man einfach ein Fahrrad: 17 km flach und geradeaus sind sehr monoton, wenn man sie zu Fuß zurücklegt.

Im Ort selbst war doch tatsächlich der Verlauf des Caminos eigenmächtig geändert worden, nur damit er nun an einer Bar vorbeilief. Anstatt einfach entlang der Hauptstraße durch den Ort zu führen, schlängelte er sich nun durch Nebengassen. Man sah noch die übermalten Pfeile, die direkt durch den Ort führten. Mein Herbergsführer erwähnte freundlicherweise diesen unautorisierten Eingriff in den Wegverlauf, ich blieb auf der Hauptstraße.

Nun ging es zuerst entlang der N-120, dann durch die Hügel weiter. Ich passierte mehrere kleine Ortschaften und erreichte schließlich Moratinos. Am Ortseingang führten mehrere Hauseingänge in Hügel hinein, Schornsteine und Fernsehantennen ragten oben heraus. Ich musste schmunzeln: So leben also die Hobbits des 21. Jahrhunderts, es fehlte nur noch, dass Gandalf sein Feuerwerk nicht im Pferdefuhrwerk, sondern im Lieferwagen vorbeibrachte.

Mein linkes Schienbein begann zu schmerzen, und so gönnte ich mir eine Pause am Rande des Dorfplatzes. Ich knabberte etwas von meinem Brot, aß einen Apfel und wunderte mich über die nicht vorhandenen Passanten. Auf der anderen Seite des Platzes stand ein Käfig mit einem Graupapagei in der Sonne. Dieser hatte das Talent, die Hunde des Dorfes mit seinem Gesang zu dirigieren: Auf eine bestimmte Melodie hin begannen alle Hunde des Ortes lautstark und sehr unharmonisch zu heulen, nur um auf eine andere Melodie hin augenblicklich wieder zu verstummen. Ich hielt dies erst für einen Zufall, der Konzertmeister wiederholte dieses Kunststück aber noch mehrere Male. Interessant.

Ich schulterte wieder meinen Rucksack und machte mich auf, die verbliebenen zehn Kilometer nach Sahagún zurückzulegen. Der Ort gefiel mir mit seinen alten Gassen. Die private Herberge war verrammelt, die Gemeindeherberge jedoch offen. Sie befindet sich im Dachstuhl der Iglesia de la Trinidad. Die Kirche selbst dient in der heutigen Zeit nicht mehr sakralen Zwecken, sondern beinhaltet die Touristeninformation (unten links), den Gemeindesaal (rechts) und die Herberge (oben links). Eine junge Dame nahm mich in Empfang, kassierte meinen Übernachtungsbetrag und wies mir den Weg nach oben. Ich verliebte mich sofort in diese Unterkunft: Stockbetten säumten das Dachgeschoß, sie waren allerdings so umbaut, dass jeder Pilger in seinem eigenen kleinen Abteil schlafen konnte. Der Saal wurde indirekt beleuchtet und tauchte die Herberge in ein schummrig gemütliches Licht. Es gab Duschen und Waschgelegenheiten, eine kleine Kochnische und keine Heizung: Es war eiskalt.

Von letzterem war ich weniger begeistert. Für einen Sekundenbruchteil zog ich es in Erwägung, doch noch in das Hotel auf der anderen Straßenseite zu ziehen, welches mit speziellen Pilgerangeboten lockte. Ich fühlte mich außerdem erschöpft, müde und ein wenig fiebrig. Offenbar hatte ich mir in den letzten Tagen eine leichte Erkältung zugezogen. Auf der anderen Seite gefiel mir dieser Ort, und es gab genug Decken, um den Schlafsack in seinem Wärmehaltungsauftrag zu unterstützen.

Ich ließ den Rucksack in der Herberge zurück und fragte die junge Frau in der Touristeninformation nach einem Supermarkt und einer Apotheke. Ich war nicht der einzige, der fror: Im Erdgeschoß der Kirche war es noch kälter als auf dem Dachboden, sie hatte sich in eine dicke Daunenjacke gehüllt und eine Wollmütze über den Kopf gezogen. Als ich mit ihr sprach, bemerkte ich den Heizkörper neben ihrem Stuhl. Sie hatte einen der in Spanien üblichen Elektroradiatoren neben ihren Stuhl gestellt und saß nun halb auf dem Stuhl und halb auf dem Heizkörper. Ich schmunzelte über diesen Pragmatismus, sie erwiderte mein Lächeln mit einem kessen "¡Soy mujer!" (Ich bin eine Frau!).

Noch immer schmunzelnd verließ ich die Herberge und ging einkaufen. In der Apotheke erstand ich ein weiteres Päckchen Blasenpflaster (mir war noch immer nichts Besseres für die Blase an meinem Fuß eingefallen) und Nasenspray (gegen die laufende Nase), im Supermarkt Orangen und Zitronen als Vitaminschock sowie den obligatorischen Joghurt, Brot, Obst und einen Nachschub an Taschentüchern. Und Schokolade, denn wenn schon frieren, dann wenigsten mit schokoladegefülltem Magen.

Ich kehrte in die Herberge zurück. In der Kälte der alten Kirche verkniff ich mir die zweite Duschgelegenheit in Folge, sondern presste lieber meine Orangen und Zitronen aus und erhitzte den Saft auf der Kochstelle. Das Resultat nennt sich bei mir zu Hause "Heiße Orange" und ist meiner Erfahrung nach eine der effektivsten Methoden, sich von innen her wieder aufzuwärmen. Ich kochte mir ein paar Nudeln zum Abendessen und verzog mich mit dem Joghurt, einer Tafel Schokolade und einer Decke an den Esstisch, um Tagebuch zu schreiben.

Sehr weit kam ich nicht, denn plötzlich hörte ich, wie das Haupttor wieder geöffnet wurde und Menschen in die Kirche strömten. Meine Freundin von der Touristeninformation hatte gegen 19:00 Uhr diese für heute geschlossen und damit auch den netten Computer, an dem ich endlich mal wieder meine eMails abrufen und beantworten konnte, meinem Zugriff entzogen. Die Menschen gingen in den Saal in der linken Gebäudehälfte und begannen dort herumzuräumen. Plötzlich wurde auch die Verbindungstür zwischen Herberge und Touristeninformation wieder geöffnet, und jemand kam die Treppe hinauf. Dieser Jemand entpuppte sich als eine Frau mittleren Alters, die mir freundlich erklärte, dass nun für etwa eine Stunde im Saal Tanzstunde abgehalten werden würde. Ob mich dies stören würde? Nein, natürlich nicht. Während sie also unten die Dorfjugend in die Feinheiten des Gesellschaftstanzes einführte, widmete ich mich wieder meinem Tagebuch und meiner Schokolade. Nach ziemlich genau einer Stunde kehrte dann auch wieder Ruhe ein, und ich hatte die Kirche für mich allein.

Ich schaltete am Sicherungskasten die Innenbeleuchtung aus, tapste im Licht meiner Stirnlampe zu meinem Bett und kletterte hinauf. Dann kuschelte ich mich in meinen Schlafsack und an meinen Rucksack, legte noch drei dicke Wolldecken oben drauf und fiel in einen tiefen, erholsamen Schlaf.

Mansilla de las Mullas

Am nächsten Morgen erwachte ich erfrischt und ausgeruht. Meine Nase lief zwar noch immer munter vor sich hin, die Kopfschmerzen und das leichte Fieber waren jedoch verschwunden. Ich packte meinen Rucksack, steckte mir ein halbes Baguette als Frühstück in die rechte Oberschenkeltasche und machte mich daran, die Herberge zu verlassen.

Das war gar nicht so einfach: Die Touristeninformation war noch geschlossen, durch sie konnte ich das Gebäude also nicht verlassen. Zwar hatte die Kirche ein Nebenportal, aber diese Tür musste hinter mir wieder verschlossen werden. Zwar hatte ich den Schlüssel, aber wie kommt der nach dem Verschließen der Tür wieder nach innen? Ein Briefkasten war nirgends in Sicht. Schließlich nahm ich ein Blatt Papier mit vor die Tür, verschloss diese, legte den Schlüssel auf das Blatt und schob ihn auf diese Art und Weise vorsichtig durch den Türspalt. Nachdem diese Herausforderung bewältigt war, machte ich mich auf den Weg aus der Stadt.

Ich erreichte recht schnell Calzada del Coto, wo sich der Weg in eine Strecke entlang der Landstraße und eine landschaftlich ruhigere Variante spaltete. Letztere hatte mir sehr gefallen, bis ich in meinem Wanderführer an dem Satz "wird ein knietiefer Bach durchwatet" hängenblieb. Flussdurchquerungen sind eine tolle Angelegenheit, ich habe auch schon Wanderungen unternommen, auf denen man mangels anderer Wege den ganzen Tag im Fluss läuft. Angesichts winterlicher Temperaturen und einer kunstvoll abgeklebten Ferse hielt sich meine Begeisterungsfähigkeit für diese Art des Reisens dann aber doch in Grenzen: Ich wählte den Weg entlang der Straße.

Parallel zur kaum befahrenen Landstraße war ein Pilgerpfad angelegt worden. Autos fuhren nur sporadisch vorbei, ich genoss die Ruhe der Landschaft und versuchte die Tatsache zu ignorieren, dass sich neben mir ein Asphaltband durch die Landschaft zog. Ich passierte die Ortschaften Bercianos del Real Camino und El Burgo Ranero. Gedankenverloren tapste ich neben der Landstraße nach Reliegos über den Pilgerpfad, wähnte mich alleine und hörte plötzlich ein freundliches "¡Hola!" gefühlte 30 cm hinter mir. Ich sprang vor Schreck fast in den Straßengraben.

Martín war vor einigen Tagen mit dem Mountainbike in Jaca in den Pyrenäen gestartet und war über den Aragonesischen Weg auf den Camino Francés gestoßen. Er war Telekommunikationsingenieur aus Katalonien und lachte freundlich, während ich versuchte, Puls und Blutdruck wieder auf gesunde Werte zu reduzieren. Offenbar war ich so in Gedanken versunken gewesen, dass ich seine Annäherung auf dem sandigen Weg vollkommen überhört hatte. Wir unterhielten uns auf Spanisch und Englisch über den Camino, Politik, unsere Reisen sowie Gott und die Welt, während wir weiter auf Reliegos zuhielten. Als wir den Ortsrand von Reliegos erreichten, verabschiedete sich Martín und fuhr weiter nach Mansilla de las Mullas. Dieser Ort lag knappe sieben Kilometer hinter Reliegos und besaß laut meinem Herbergsführer im Gegensatz zu letzterem eine richtig schnuckelige Herberge. Martín wollte dort sein Mountainbike säubern und überholen. Es wäre ohnehin mein Ziel für diesen Tag gewesen.

Ich traf 1 ½ Stunden später dort ein. Martíns Mountainbike stand etwas sauberer im Hausflur der Herberge, in einem der Dormitorios fand ich außer meinem Radpilger noch einen weiteren Pilger vor. Frederique stammte aus dem französischen Teil Kanadas und war in gemütlichen 20 km-Etappen auf dem Weg nach Santiago de Compostela.

Martín und ich brachen erstmal auf und gingen einkaufen. In der Tüte landeten die typischen Nahrungsmittel für den Proviantsack sowie ein paar Sachen für das Abendessen. In den Orten entlang des Jakobsweges findet man noch viele kleine Dorfläden, die man in meiner Heimat als Tante-Emma-Laden bezeichnet: Ein kleines Ladengeschäft, in dem jeder Kunde noch einzeln bedient wird und die Verkäuferin so ziemlich alles im Sortiment hat. Von Wurst und Käse über Brot und Kuchen, Reis und Nudeln bis hin zu Toilettenreinigern und Stumpenkerzen. Es macht Spaß, dort einzukaufen.

Zurück in der Herberge beschloss ich, dass erstmal eine Dusche fällig wäre. Martín und Frederique hatten mir bestätigt, dass es heißes Wasser gab. Sie hatten nur verschwiegen, dass die Herberge selbst ungeheizt war und somit mal wieder dem Tiefkühlfach meines Kühlschrankes glich. Ein altersschwacher Radiator war von uns mit der Aufgabe beauftragt worden, unseren Schlafraum aufzuheizen, ein gasbetriebener Heizstrahler heizte bereits sehr eifrig die Küche, später am Abend konnten wir dann dort sogar in T-Shirts sitzen.

Ich ließ die Dusche erstmal laufen, bis die Temperatur des Wassers von "fast gefrierend" auf "schön heiß" gestiegen war. Dann warf ich meine Kleidung von mir, sprang unter die Dusche und versuchte die Tatsache zu ignorieren, dass ich für den Rückweg hin zum vollbekleideten Zustand wahrscheinlich deutlich mehr Zeit benötigen würde.

Der Abend klang in der Küche aus. Unsere gewaschene Wäsche trocknete vor dem Heizstrahler vor sich hin, wir unterhielten uns, kochten gemeinsam und gingen spät ins Bett. Ein Hospitalero tauchte weder an diesem Abend noch am nächsten Morgen auf.

León

Am nächsten Morgen schliefen wir erst mal aus. Die Herberge lag mitten im Ort in einer engen Gasse, und der dicke Morgennebel gab sein Übriges, um es der Sonne sehr schwer zu machen, Tageslicht zu verbreiten. Ich war der Frühaufsteher in unserer Truppe und verließ die Herberge gegen 09:00 Uhr.

Hatte am Vortag noch klare Luft und wärmende Dezembersonne vorgeherrscht, betrug die heutige Sichtweite dank dicken Nebels keine 50 Meter. Parallel zur N-120 verließ ich den Ort und begab mich in Richtung León. Die feuchte Kälte kroch durch meine Hose und zeigte mir, dass es keine gute Idee gewesen war, ohne lange Unterwäsche aufzubrechen. Einen Sichtschutz im klassischen Sinne gab es nicht, aber kurz nach links in einen vernebelten Feldweg einzubiegen sorgte dafür, dass man 50 Meter später die Landstraße zwar hörte, aber nicht mehr sah. Meiner Ansicht war das abgeschieden genug, um mal kurz aus der Hose zu springen und die lange Unterhose anzuziehen.

Deutlich wärmer, aber immer noch fröstelnd, lief ich weiter. Mal wieder hörte ich unerwartetes "¡Hola!" hinter mir. Martín hatte offenbar leichte Schwierigkeiten, sich vor Lachen im Sattel seines Rades zu halten, nachdem ich schon wieder Anstalten gemacht hatte, in den Straßengraben zu hechten. Er hatte in der Herberge des Benediktinerinnenklosters in León angerufen: Die Herberge war geheizt und ab 11:00 Uhr geöffnet. Er und Frederique wollten dort die Nacht verbringen, ich wollte aber gerne weiter laufen als nur die knapp zwanzig Kilometer bis zur Provinzhauptstadt.

Ich schaffte es bis Puente de Villarente, bevor ich die Regenjacke aus dem Rucksack zog, um sie als weitere

Schicht meiner Kleidung hinzuzufügen. Am Ende des Ortes fand ich eine Apotheke. Der Schmerz in an meinen Schienbeinen wurde immer schlimmer, und langsam mochten mich auch meine Knie nicht mehr. Die Apothekerin hatte glücklicherweise die Salbe meiner Wahl zur Verfügung. Einer der Vorzüge der Globalisierung ist es zumindest, dass von zuhause bekannte Arzneimittel auch am anderen Ende Europas unter gleichem Namen zur Verfügung stehen.

Der Nebel lichtete sich, und zum gleichen Zeitpunkt erreichte ich auch die Ausläufer von León. Die engen Gassen der 150000-Einwohnerstadt ließen nicht viel Sonne ihren Grund erreichen, es blieb klirrend kalt. Ich bestückte meine Bargeldvorräte am erstbesten Geldautomaten neu und verlor prompt die gelben Pfeile aus den Augen, die den Verlauf des Jakobsweges markieren. Mehrere Runden durch die verwinkelte Innenstadt und eine Stunde später stand ich vor der Herberge des Benediktinerinnenklosters.

Die Herberge war geheizt und erschien mir wie eine Oase der Wärme im tiefgekühlten León. Ich erkundigte mich nach den Herbergen in den nächsten Orten und erfuhr, dass die Herbergen in Villar de Mazarife ungeheizt sein sollten. Meine Begeisterungsfähigkeit für den Weitermarsch erreichte den Tiefpunkt, ich beschloss in León zu bleiben. Ich suchte mir ein Bett in Nähe des Fensters und machte mich daran, die Innenstadt zu erkunden. Typisch für Spanien, begann um 14:00 Uhr die dreistündige Mittagspause. Auch die Kathedrale in León schloss sich diesem Brauch an; somit blieb mir nichts anderes übrig, als ihre beeindruckende Architektur vorerst nur von außen zu bewundern.

Ich fand ein Internetcafé. Bewaffnet mit einem Magdalena und einer großen Tasse Café con leche machte ich mich daran, meine eMails abzufragen und zu beantworten. Eine alte Freundin, die den Sommer in Island verbracht hatte, hatte sich gemeldet: Nachdem sie mit ihrem Freund und zwei Pferden mehr als drei Monate über die nordische Insel gezogen war, Regen, Sturm, Kälte getrotzt hatte und zuweilen auch mal atemberaubend schönes Wetter genießen durfte, hatte sie ihre Erlebnisse auf einer Website zusammengefasst. Ihre Fotos hatten das Potential, Island noch weiter nach oben auf meiner "Da möchte ich als nächstes hin"-Liste zu hieven. Ihr Reisebericht war in einer Art und Weise geschrieben, dass ich beim Lesen ihre Stimme in meinem Kopf hörte.

Manue ist mein Gewissen, was das Ausleben meiner Träume angeht: Ich habe sie vor Jahren kennengelernt, als sie drei Monate lang die Via Alpina entlang lief. Aus einer abendlichen Begegnung in einer Berghütte entwickelte sich eine Bekanntschaft. Als Erinnerung an sie und an ihre Ratschläge, mehr Risiken ein- und mehr auf andere Leute zuzugehen, begleitet mich seitdem auf meinen Reisen ein kleiner Eisbär, der üblicherweise in der Deckeltasche meines Rucksacks lebt. Manue hatte sich an einem Abend in den Schweizer Alpen dermaßen vor Lachen über einen Eisbärenwitz gekringelt, dass ich kurz darauf einen Stoffeisbären als Maskottchen mit der Diplomatenpost des Roten Kreuzes hinter ihr her in den Sudan geschickt hatte, um dort auf sie aufzupassen. (Aufgrund der dort herrschenden Sand- und Staubstürme soll er als Braunbär zurückgekommen sein.) Ich selbst fand den kleinen Eisbär so knuffig, dass ich mir auch einen als Erinnerung an sie gekauft habe. Seitdem ist er auf allen meinen Reisen dabei und wohnte auch auf dieser Wanderung im Deckelfach meines Rucksacks.

Mein Projektleiter hatte mich gebeten, mich doch mal von unterwegs zu melden, was ich nun auch tat. Er schrieb postwendend zurück und berichtete mir nun, dass ich zuhause nichts verpasste: Mein Arbeitsumfeld war in den

kollektiven Vorweihnachtswahn verfallen, eine Weihnachts-
feier und eine Packung Lebkuchen oder Weihnachtsplätzchen jagte die andere; und er hatte spontan
beschlossen, die verbleibende Vorweihnachtszeit lieber
zuhause bei seiner Familie anstatt bei seinen Kollegen im
Büro zu verbringen. Ich wünschte ihm und seiner Familie
frohe Weihnachten und holte mir noch einen Kaffee.

Bereits jetzt begann sich abzuzeichnen, dass ich deutlich
früher am geografischen Ziel meiner Reise eintreffen
würde, als ich ursprünglich geplant hatte. Die Psychologie
kennt den Zustand des "Sich im Fluß Befindens", ein
Zustand höchster Effizienz. Ich lief von Sonnenauf- bis
Sonnenuntergang, ohne dabei in Hektik zu verfallen oder es
als Anstrengung zu empfinden. Meine schmerzenden Beine
und mein Knie waren zwar anderer Ansicht, und auch die
Blase an meiner Ferse protestierte immer schmerzhafter,
aber ich kam deutlich schneller voran als ursprünglich
beabsichtigt. In der Planung war ich von Tagesetappen von
20-25 km ausgegangen, nun lief ich eher 35-40 km am Tag.
Mein gebuchter Rückflug war weder umbuch- noch
stornierbar; entweder musste unterwegs etwas eintreten,
was mich signifikant ausbremste, oder ich würde einen
neuen Rückflug am Ende der Reise brauchen. Eine kurze
Recherche bei verschiedenen Fluggesellschaften zeigte mir
jedoch, dass ich auch außerplanmäßig recht preiswert am
Ende meiner Pilgerschaft in mein alltägliches Leben
zurückkehren könnte. Sehr gut: Sollte ich je wieder eine
solche Wanderung unternehmen, werde ich mir die
Buchung eines Rückfluges vor Reiseantritt verkneifen.

Das Wetter in Galicien sollte deutlich wärmer sein als in
Kastilien. Martín hatte mir mit einem Augenzwinkern noch
erklärt, dass es in Galicien nur zwei Sorten Wetter gibt:
Normales und trockenes. Ich hatte aber die Hoffnung, dass
im regenarmen Dezember Galicien mal auf seinen Ruf als
Regenloch Spaniens verzichten würde und ich diese

Provinz halbwegs trocken durchqueren könnte. Der Wetterbericht machte mir diesbezüglich immerhin ein bisschen Hoffnung: Während León bei -10°C tiefgefroren versuchte, durch den Winter zu kommen, lagen die Temperaturen in Galicien bei angenehmen 5-10°C.

Meine dritte Tasse Milchkaffee hatte es auch nicht geschafft, mich aufzuwärmen. Außerdem wurde es draußen langsam dunkel. Ich verließ das Café und kehrte zur Kathedrale zurück. Sie war nun geöffnet, und ich konnte ihre Architektur auch von innen bewundern. Spärliches Licht drang durch die großen Buntglasfenster und tauchte das hohe Kirchenschiff in ein warmes Licht. Ich mochte diese Konstruktion.

Auf dem Rückweg in die Herberge stoppte ich an einem kleinen Restaurant und aß einen Salat sowie ein Brötchen und eine Tortilla. So gestärkt kehrte ich ins Kloster zurück. Neben Martín und Frederique (die beide bereits vor mir eingetroffen waren), waren inzwischen zwei weitere Pilger angekommen: Antonio, ehemals Kommandosoldat der Spanischen Legion und heute Tanzlehrer in Deutschland, und Doris, eine sehr nette und stille Portugiesin.

Die Herberge war warm aufgeheizt. Ich entschwand unter die Dusche, wusch mich und meine Kleidung. Die nassen Sachen hängte ich vor einen Heizkörper, dann bewaffnete ich mich mit einer Packung Kekse, die ich unterwegs noch im Supermarkt gekauft hatte, und zog mich zum Tagebuchschreiben in die Küche zurück.

André, der hochgewachsene und sehr autoritäre Hospitalero schaute im Laufe des Abends vorbei und fragte uns, ob wir am Abendkomplet der Nonnen teilnehmen wollten. Ich bin kein Freund der christlichen Liturgie, hatte sie aber auch noch nie in einem spanischen Kloster erlebt. Gegen 21:30 Uhr wurden wir abgeholt. Es ging durch die kalte Gasse zu einem anderen Eingang in das Kloster, an dem uns eine ältere Nonne empfing. Sie war gewiss weit über 60 Jahre alt und von kleiner, zarter Statur. Mir gefiel der Gedanke, dass die Mauern des Klosters sie schützten vor einer Welt, in der sie wie ein Weizenkorn zwischen Mühlsteinen zerrieben worden wäre. Mit leiser und sehr friedvoller Stimme erläuterte sie uns die Tradition des Komplets und teilte uns kleine Hefte in unseren Muttersprachen aus, damit wir den Gesängen folgen konnten. Dann bat sie uns, unsere Mobiltelefone auszuschalten. Wer es dabei hatte, zog es aus der Hosentasche und schaltete es ab. Sie quittierte dies mit einem fröhlichen Lächeln, zog eines der neusten Nokia-Mobiltelefone aus ihrem Gewand und meinte: "Gut, ich schalte meines jetzt auch aus."

Leider teilten die Schwestern nicht meine Vorstellung des Komplets: Wir Pilger waren ihre Gäste, und so wiesen sie uns die ersten Reihen in der kleinen Kapelle zu. Mit fast zwei Metern Länge muss ich wie ein Leuchtturm in der Brandung gewirkt haben: Viel lieber wäre ich in die letzte Reihe gegangen, um von dort die Liturgie zu verfolgen. Anstatt zu beobachten, war ich nun der Beobachtete. Im Anschluss an das kurze Gebet versammelte die Oberin des Klosters noch uns Pilger um sich und erläuterte ihnen mit ruhiger Stimme den Sinn des Pilgerns. Aufmerksam lauschten wir ihren Worten, dann schickte sie uns mit ihrem Segen und den besten Wünschen ihres Ordens auf den weiteren Weg. Mit einem Umweg über den Schlafsaal.

Der Abend endete nun damit, dass drei Pilger die gleiche Tube Salbe aus ihren Rucksäcken zogen und sich die schmerzenden Beine einrieben. Martín fiel bei diesem Anblick mal wieder fast vor Lachen aus dem Bett und hielt die Szene mit seiner Digitalkamera fest.

Hospital del Orbigo

Der Tag im Kloster begann früh. André weckte uns um 07:00 Uhr mit gregorianischen Messgesängen. Leider vom Band, er stellte sich nicht mitten in den Schlafsaal und intonierte sie selbst. Er ließ uns sogar fünfzehn Minuten zum Wachwerden, bevor er auch noch das Licht einschaltete. Das Kloster verabschiedete sich von uns mit einem reichhaltigen Frühstück, während dem uns André noch Legenden und Geschichten von Pilgerfahrten erzählte. Er erzählte und erzählte, und obwohl wir eigentlich bis spätestens acht Uhr die Herberge hätten räumen müssen, brachen wir erst gegen halb neun auf.

Antonio bewies erstmal, dass er wirklich lange Zeit Soldat gewesen war. Ausgestattet mit einem Stadtplan kam er bis zur nächsten Straßenkreuzung, bevor er die Orientierung verlor. Während meines Wehrdienstes habe ich feststellen müssen, dass eines von Murphys Gesetzen für den Kampfeinsatz von Grund auf wahr ist: Es gibt nichts Gefährlicheres als einen Soldaten mit einer Karte und einem Kompass. Die Verirrungen, die ich diesbezüglich während meiner Zeit in der Luftwaffe miterleben durfte, würden problemlos ein weiteres Buch füllen. Antonio trat voll in diese Fußstapfen. Ich hatte glücklicherweise den brieftaubengleichen Orientierungssinn meines Vaters geerbt und stupste Antonio in die richtige Richtung.

Die Fünfergruppe Pilger zog sich bereits innerhalb von León auseinander. Wir passierten die prachtvolle Fassade des Parador San Marco und liefen durch den Vorort Virgen Del Camino. Hier teilt sich der Weg: Eine Variante des Weges verläuft von hier parallel zur vielbefahrenen N-120, die andere schlägt einen leichten Bogen und führt fernab des Verkehrslärmes durch die Ebene. Ich entschied mich für den ruhigeren Weg über die Felder.

Bald war ich alleine, León verschwand hinter mir am Horizont, und die Dezembersonne strengte sich richtig an: In der windstillen Luft verschwand ein Kleidungsstück nach dem anderen in meinem Rucksack, sogar die Fleecemütze konnte nach langer Zeit mal wieder durch den Stoffhut ausgetauscht werden.

Über Fresno del Camino und Oncina de la Valdoncina erreichte ich den kleinen Ort Chojas de Abajo. Aus einem Abbruchgrundstück heraus miaute es herzerweichend. Ich maunzte zurück, und eine junge Katze kam aus dem Grundstück herausgesprungen und schnurrte um meine Beine. Sie sah gut aus, ihr Körper war kräftig, und ihr Fell machte einen wohlgepflegten Eindruck. Ihr Geschrei schien eher jugendlichem Übermut als Hunger zu entspringen. Da ich die letzte Woche nur durch Getreide-felder gelaufen war, dürfte es in den dazugehörigen Silos genügend Mäuse geben, um die Kohorten spanischer Landkatzen gut beschäftigt zu halten. Ich streichelte sie eine Weile und lief dann weiter. Sie lief neben mir her. Nachdem ich das Dorf halb durchquert hatte, beschloss ich, sie mit nach Hause zu nehmen, sollte sie mich bis zum Ende meines Weges begleiten. Wahrscheinlich hatte sie diesen Gedanken verstanden: Sie begleitete mich noch ein Stück und schien dann zu dem Schluss zu kommen, dass das kastilische Hochland der bessere Ort für eine sonnenverwöhnte Landkatze ist. Sie ging ihres Weges und ich des meinen.

Um die Mittagszeit erreichte ich Villar de Mazarife. Im Gegensatz zur gestrigen Auskunft in der Klosterherberge gab es hier gleich zwei geöffnete und anscheinend gut gepflegte und geheizte Herbergen. Der Dorfladen versorgte mich mit einer Zitronenlimonade und etwas Joghurt, der nahe Spielplatz bot eine Bank für eine Mittagspause. Der Weg führte weiter durch die Felder. Das Bewässerungs-system Kastiliens erregte mein Interesse: In Betonröhren wurde das Wasser in etwa einem Meter Höhe entlang der Felder transportiert. Wenn dieses Aquädukt nun unterbrochen werden musste, damit ein Weg in das Feld hineinführen konnte, floss das Wasser in einem Siphon unterhalb der Erde.

Nahe Villavante überquerte ich die Bahngleise und die Autobahn und erreichte bald darauf Hospital del Orbigo. Der Weg in die Stadt führt über eine lange Römerbrücke, die das gesamte Flussbett überspannt. Mitten auf der Brücke standen drei Schilder, die den Status der drei Herbergen verkündeten: Die Gemeindeherberge, zu der man an dieser Stelle abbiegen und einen Kilometer weit in den Wald hineinlaufen musste, wäre geöffnet. Die beiden privaten Herbergen im Ort wären voll. Voll? Scharen von Pilgern waren mir unterwegs nicht gerade aufgefallen. Ich lief weiter auf der Brücke in den Ort hinein und nahm die beiden privaten Herbergen in Augenschein. Offensichtlich gab es für die Schilder auf der Brücke keine Einschübe für "geschlossen", sondern nur für "voll". Übrig blieb also nur die Gemeindeherberge, die in meinen beiden Führern nicht gerade gute Noten bekommen hatte. Wie ich kurz drauf feststellen musste, zu Unrecht.

Da ich keine Lust hatte, erst einen Kilometer in den Wald zu laufen, nur um zum Einkaufen die gleiche Strecke wieder zurückzulaufen, suchte ich erstmal den Supermarkt auf. Neben den üblichen Nahrungsmitteln erstand ich dort sehr leckeren Apfelkuchen. Eine junge Frau fiel mir auf: Mit ihrer Kleidung und Frisur passte sie eher in ein neuseeländisches Hostel als in einen kleinen Gemischt-warenladen am Rande des kastilischen Hochlandes. Sie überschüttete mich mit einem spanischen Wortschwall und gab sich erst dann als Österreicherin zu erkennen. Scherzhaft fragte ich sie, ob ich sie richtig verstanden hätte: Ich sollte bloß nicht so viel einkaufen, sie hätten schon genug besorgt, um die gesamte Herberge zu bekochen. Sie stellte sich als Sandra vor, lachte und korrigierte, dass sie mich nur eingeladen hätte, heute Abend gemeinsam zu kochen.

Sandra wollte noch bei ihrer Familie anrufen, also trennten sich unsere Wege wieder: Ich lief zur Herberge und sie zur Telefonzelle. Auf der Brücke traf ich drei Fahrradpilger aus dem Baskenland. Ich erläuterte ihnen den Status der einzelnen Herbergen, und sie beschlossen, auch erstmal einkaufen zu gehen und dann zur Herberge zu kommen. Dann verließ ich die Brücke und lief zwischen den beiden Flussbetten nach Norden.

Die Herberge lag abgelegen mitten im Wald. Sie war ungeheizt, wies aber einen offenen Kamin auf. Vor dem darin brennenden Feuer fand ich eine in eine Decke eingewickelt Argentinierin, die zusammen mit Sandra unterwegs war. Die Betten waren in kleinen Abteilen gruppiert, jedes Abteil hatte ein Stockbett. Die Lager wiesen Leselichter und kleine Schränke auf, die Waschräume waren verhältnismäßig sauber und lieferten sogar heißes Wasser. Angesichts der klirrenden Kälte in der Herberge verkniff ich mir jedoch die Dusche, bewaffnete mich mit meinem Apfelkuchen und gesellte mich zu der Argentinierin ans Feuer.

Eine halbe Stunde nach Sonnenuntergang erschien ein abgekämpfter Antonio in der Herberge. Er war die Wegvariante entlang der Landstraße gelaufen. Martín war uns mit seinem Rad weit voraus, Frederique war in der Herberge in Villadangos del Páramo geblieben. Wir begannen mit dem Kochen und stellten schnell fest, dass meine sehr freie Übersetzung von Sandras Redeschwall doch der Wahrheit entsprach: Angesichts der übervollen Töpfe versammelten wir alle Gäste der Herberge im Aufenthaltsraum und nahmen gemeinsam unser Abendessen ein.

Sandra entpuppte sich außerdem als eine der Hospitaleras aus der Herberge Fuente San Bol (genau, die Herberge mitten im Nirgendwo am anderen Ende der Meseta Norte). Sie hatte dort den Sommer über gearbeitet, und als die Herberge in die Winterpause ging, ist sie gen Westen aufgebrochen. Die Welt kann zuweilen sehr klein sein.

Mit dem Erreichen von Hospital del Orbigo endete nun auch meine Wanderung durch die Meseta Norte. Am Horizont waren den Tag über die Berge von León erschienen, zwischen mir und ihnen lag die hügelige Landschaft der Maragatería. In der aufziehenden Nacht wurde es immer kälter in der kleinen Herberge, und wir verschwanden in unseren Betten. Zum Glück gab es viele Wolldecken, die wir über unsere Schlafsäcke legten und so eine warme und ruhige Nacht verbrachten.

Rabanal del Camino

Antonio entpuppte sich als notorischer Frühaufsteher: Gegen acht Uhr wurde ich vom Rascheln seines Rucksacks wach. Als er die Herberge verließ, krabbelte ich unter meinem wolldeckenverstärkten Schlafsack heraus und brach ebenfalls auf. Die drei Basken wurden auch gerade wach, die beiden Damen lagen anscheinend noch im Tiefschlaf.

Im Gegensatz zum Vortag war es leicht bewölkt. Heute würde es die Sonne nicht schaffen, die Landschaft nennenswert aufzuwärmen. Ich lief zurück zur Römerbrücke und durch das verschlafene Hospital del Orbigo. Über verschiedene kleine und ebenso verschlafene Dörfer machte ich mich auf den Weg nach Astorga.

Die Landschaft änderte sich. Die weite Ebene der Meseta Norte war den Hügeln der Maragatería gewichen. Landwirtschaft war in der Vergangenheit auf dem unebenen und nicht sehr fruchtbaren Boden nur bedingt möglich gewesen, die Bewohner dieses Landstriches hatten sich allerdings einen Namen als sehr fähige Fuhrleute gemacht.

Nach einigen Stunden erreichte ich eine Anhöhe. Unter mir im Tal lag die Stadt Astorga, ich würde noch den Vorort San Justo de la Vega durchqueren müssen. Im Abstieg kam mir ein Spaziergänger mit einem kleinen Terrier entgegen. Sein Herrchen rief mir noch zu, dass ich mir keine Sorgen zu machen brauchte, da stürmte der Kleine auch schon kläffend auf mich zu. Ich erwiderte den Gefallen, und gemeinsam lachend sahen wir dann zu, wie unser vierbeiniger Held den ungeordneten Rückzug antrat.

Ich stieg den Hügel hinunter und erreichte den Vorort, entlang dessen Hauptstraße ich auf Astorga zulief. Ein alter

Mann fiel mir auf: Er ging an zwei Stöcken und kam nur langsam und unter Mühen vorwärts. Als wir aufeinander trafen, nahm er seine Stöcke in die linke Hand und stoppte mich mit der rechten, noch bevor ich ihn freundlich grüßen konnte. "¿Que pais?" In einem Kommandoton, der mir zuletzt bei der militärischen Grundausbildung untergekommen war, fragte er mich nach meiner Herkunft. "Soy aleman." Ich stamme aus Deutschland, antwortete ich ihm. Ein Lächeln erschien in seinem Gesicht, und in einem langen Wortschwall wünschte er mir alles Gute auf meinem weiteren Weg nach Santiago de Compostela. Ich war zutiefst berührt: Er, der nur noch unter Mühen seine alltäglichen Besorgungen machen konnte, traf auf jemanden, der sein Heimatland zu Fuß durchquerte. Selten habe ich eine solche Anerkennung meiner Lebensart verspürt wie in diesem Augenblick. Er stützte sich wieder auf seine beiden Stöcke und überquerte langsam den Zebrastreifen. Ich besuchte den nächsten Supermarkt und füllte meinen Proviantsack auf. Ausgesprochen leckere Mandelplätzchen knabbernd betrat ich Astorga.

Von meinem Navigationsfehler in León abgesehen, war der Weg bisher sehr gut markiert gewesen. Nach Astorga hinein verschwanden die bisher allgegenwärtigen gelben Pfeile und ließen den Pilger im Stich. Ich machte mich auf die Suche nach der Kathedrale, deren hochgewachsene gotische Architektur leicht zu finden war. Vor dem Portal fand ich wieder einen gelben Pfeil, der mir durch eine alte, enge Gasse den Weg aus der Stadt zeigte. Ich war froh, hier nicht übernachten zu müssen: Hinweise auf Herbergen hatte ich nirgends gesehen, und der Verlauf der Gassen war verwinkelt genug, um mich nach der Wegbeschreibung eines Einwohners hoffnungslos zu verirren.

Durch die Hügel der Maragatería stieg ich stetig auf die Berge von León zu. Am Anfang des kleinen Weilers Murrias de Rechivaldo sah ich einen Pilger im Graben liegen: Ich hatte Antonio eingeholt. Er war in keiner guten Verfassung, seine Füße machten ihm zu schaffen. Er hatte eine kurze Pause eingelegt und wollte im nahen Santa Catalina de Somoza erstmal in einem Restaurant, welches ihm empfohlen worden war, zu Abend essen und dann wahrscheinlich im angeschlossenen Hostal übernachten.

Diesen Ort wollte ich auch passieren, allerdings mit einem Umweg über Castillo de los Polvozares. Mit Fördergeldern der Europäischen Union war dieses Dorf im typischen Stil der Maragatería wieder aufgebaut worden. Die Häuser hatten grün gestrichene Türen und Fenster, die Straßen waren grob gepflastert. In der Hochsaison wird dieser Ort von Touristen überrannt, Mitte Dezember war es dort sehr ruhig. Ein riesiger Bernhardinermischling döste in den vereinzelten Strahlen der Dezembersonne, das Auftauchen eines einzelnen Pilgers war ihm immerhin einen tiefen Seufzer wert.

Ich kehrte zum Hauptweg zurück und erreichte Santa Catalina de Somoza. Das Restaurant am Ortseingang wirkte auf mich warm und einladend. Auf meine Füße allerdings nicht, diese liefen einfach weiter. Ich war einfach noch nicht in der Laune, anzuhalten und den Tag zu beenden. Ich hatte keine Ahnung, was meine Füße sich dabei gedacht hatten, denn die Blase an meiner rechten Ferse fing mehr und mehr an zu schmerzen. Die zwölf Kilometer nach Rabanal del Camino wurden zu meinem ganz persönlichen Kreuzweg. Der Gedanke, umzukehren und doch noch in Santa Catalina die Nacht zu verbringen, wurde von meinen laufwütigen Füßen aber lange genug unterdrückt, bis es kürzer war, weiterzulaufen als umzukehren.

Mit dem letzten Tageslicht erreichte ich Rabanal del Camino. Das Refugio "Nuestra Señora del Pilar" entpuppte sich als eine Oase für müde Pilger in den Bergen von León: Durch ein großes Tor betrat man den Innenhof eines

Gehöftes, an dessen Ende die Pilgerherberge lag. In einer sauberen Küche wartete bereitgelegtes Feuerholz auf durchgefrorene Pilger. Die Hospitalera kam aus dem Haupthaus auf mich zu und nahm sich meiner an. Ich war der erste Pilger, der heute zu ihr gefunden hatte. Sie entzündete das Feuer in der Küche, ihr Mann würde im Laufe des Abends noch mehrmals vorbeikommen und sich vergewissern, dass es auch genug Holz gab, um den Abend ordentlich einzuheizen.

Den einzigen offenen Schlafraum betrat man durch den Waschraum, er entpuppte sich als eine umgebaute Scheune ohne Zwischendecke. Im Sommer mag dies ein Garant dafür sein, dass der letzte Rest kühler Luft sich am Boden und somit in der Nähe der Betten sammelt, im Winter war es der Garant dafür, dass es da unten richtig kalt war. Meine Gastgeberin schaltete die Heizung ein und versicherte mir, dass diese in wenigen Stunden das Dormitorio ausreichend aufgeheizt hätte. Ich trug mich ins Gästebuch ein und stellte fest, dass Martín am gestrigen Abend hier gewesen war. Es sollte das letzte Mal sein, dass ich seinen Namen in einem Gästebuch vorfand.

Heute Abend war ich müde. Mit schmerzverzerrtem Gesicht zog ich meine Schuhe von den Füßen und begutachtete meine Ferse. Gesund sah das nicht aus: In dem rohen Fleisch hatte sich eine wieder weitere Blase gebildet. Dieses Blasenpflaster ist für diese Art von Verletzung offenbar vollkommen ungeeignet, etwas Besseres wollte mir aber nicht einfallen. Die Füße mussten durchhalten, und es waren noch mehr als 300 km bis ans Kap Finisterre.

Die Dusche spendete kochend heißes Wasser. Ich schälte mich aus meiner Kleidung und verbrachte die nächsten zwanzig Minuten damit, mir heißes Wasser über den Körper laufen zu lassen. Langsam entspannte ich mich, wärmte auf und fühlte mich schon deutlich besser. Dumm nur, dass ich zum Anziehen diese heißflüssige Wohltat erst abstellen musste und quälend lange Minuten der eisigen Kälte des Waschraumes ausgesetzt sein würde. Ich blieb mal wieder noch ein wenig länger unter der Dusche stehen.

Nachdem mein innerer Schweinehund sich doch hatte davon überzeugen lassen, nicht den Rest des Abends unter der Dusche zu verbringen, trocknete ich mich ab, zog mich wieder an und kehrte in die Küche zurück. An meinem Handschuh öffnete sich eine Naht, die genäht werden musste. Mit einer Tasse Tee, Nähzeug, dem verletzten Handschuh und meinem Tagebuch verzog ich mich vor den Kamin und genoss die Wärme des Feuers. Es war ein ruhiger Abend: Ich war alleine mit meinen Gedanken, genoss den Tee und kochte mir mein Abendessen, wärmte mich am Feuer und starrte in die Glut. Meiner Ansicht nach gibt es nicht viel, was so hypnotisierend sein kann wie ein Stück Holz, das im Feuer verbrennt.

Am späten Abend ging plötzlich die Tür auf, und ein hochgewachsen Pilger betrat die Herberge. Vincent war halb Franzose, halb Niederländer, und wie sich im Laufe des Abends herausstellte, lagen wir zwei auf einer Wellenlänge. Er zauberte Brot und Wurst aus seinem Rucksack, ich kochte noch mehr Tee, wir aßen und tranken gemeinsam. Und ehe wir uns versahen, waren wir in eine lange Diskussion über Politik, Geschichte, Erziehung und Gesellschaft verstrickt und gingen erst spät nach Mitternacht ins Bett.

Inzwischen hatte die Heizung es geschafft, die Temperatur im Schlafsaal auf ein angenehmes Maß zu heben, und meine gewaschene Kleidung war auch schon wieder fast trocken. Das Wetter hatte sich verschlechtert, dicke Regentropfen fielen auf das Dach der alten Scheune. In der

Hoffnung, dass der Regen bis zum Morgen weitergezogen war, schliefen wir ein.

Ponferrada

Der Regen war nicht weitergezogen. Als ich morgens wach wurde, schlugen noch immer dicke Tropfen auf das Dach der Herberge auf. Es war erst sieben Uhr morgens, ich gönnte mir also den Luxus, mich einfach umzudrehen und weiterzuschlafen. Gegen neun Uhr hörte der Regen auf.

Vincent fragte unsere Hospitalera noch nach einem Frühstück. Sie bot uns Café con leche und Magdalenas an, wir waren aber mehr in der Stimmung für etwas Deftigeres. Vincent gönnte sich ein ausgiebiges Frühstück in der Küche, ich steckte mir etwas Brot und Wurst in die Hosentasche und brach gegen zehn Uhr auf.

Der sanfte Anstieg des Vortages setzte sich fort: Ich hatte nur noch 300 Höhenmeter bis zum Pass. Leider erreichte ich eine halbe Stunde oberhalb des Dorfes wieder die Wolken, und Nieselregen setzte ein. Ich hüllte mich in meine Regenkleidung und meinen Rucksack in seine Regenhülle und marschierte weiter den Berg hinauf.

Nach anderthalb Stunden erreichte ich Foncebadón. Der kleine Weiler machte einen verlassenen Eindruck. Früher war er eine bedeutende Station entlang des Jakobsweges gewesen, im 10. Jahrhundert hatte hier sogar ein Kirchenkonzil stattgefunden. Ein großer Hund mit schwarzem Fell kam missmutig die Straße hinuntergetrabt. Er widmete mir keinen Blick, sondern lief schnurgerade auf mich zu. Ich wich nach rechts aus, um nicht von ihm umgerannt zu werden, und als er mich passierte, war ich sicher, ein von Herzen kommendes, grummeliges "Mistwetter" zu hören. Ich verließ den Ort, der hinter mir wieder in den Wolken verschwand. Eine halbe Stunde später erreichte ich das Cruz de Ferro.

Um dieses kleine Eisenkreuz, das hoch oben auf einer Stange steht, ranken sich viele Legenden: Einstmals soll es sich ein Pilger vorgenommen haben, ein Kreuz im originalen Kreuzigungsformat als Zeichen seiner Buße von zuhause nach Santiago de Compostela zu tragen. Dieses entpuppte sich jedoch überraschenderweise als ein eher unhandlicher Gegenstand, worauf er das Kreuz durch einen Stein gleichen Gewichts ersetzte, den er nun gen Westen trug. Seine Last erschöpfte ihn, und mit seinen letzten Kräften quälte er sich die Berge von León hinauf. An dem Kreuz angekommen, brach er vor Erschöpfung zusammen. Sein Stein jedoch zersprang in tausende Splitter, und plötzlich fühlte er sich frisch und erholt. Seitdem bringen Pilger einen kleinen Stein von zuhause mit und lassen ihn am Fuße dieses Kreuzes zurück.

Wie viele Geschichten am Jakobsweg, hat auch diese Legende sicherlich einen wahren Ursprung. Wahrscheinlich aber ist der Brauch, an dieser Stelle Steine abzulegen, älter als der Jakobsweg. Ich hatte vier Steine in meinem Rucksack, die ich nun im leichten Regen aus den Tiefen seiner linken Seitentasche zog.

Auf einem Stein stand mein Name, auf dem zweiten Stein der Name meines Hundes. Herrmann war neun Jahre zuvor gestorben, und hätte ich mir eine Begleitung für diesen Weg auswählen dürfen, so wäre er immer noch meine erste Wahl gewesen.

Auf dem dritten stand der Name meines Vaters. In meiner Kindheit hatte er mir immer von den Abenteuern seiner Jugend erzählt und mir dann im nächsten Atemzug verboten, ähnliche Ambitionen zu verfolgen, weil diese heute viel zu gefährlich seien. Erst nach seinem Krebstod fast zehn Jahre zuvor hatte ich die Freiheit, die Welt auf meine Art zu erkunden. Dieser Weg hätte ihm gefallen. Dass ich ihn alleine laufe, hätte ihm Angst eingejagt.

Auf dem vierten Stein stand der Name einer jungen Frau, die ich wenige Monate zuvor kennengelernt hatte. Andrea ist über ihre gesamte Kindheit von ihrem Vater sexuell missbraucht worden, ihre Mutter hatte ihr Schicksal ignoriert. Sie hatte sich viel von mir erhofft. Ich hätte es ihr gerne gegeben, konnte ihre Zuneigung aber nicht erwidern. Als ich sie das letzte Mal gesehen hatte, bat sie mich, sie nicht zu vergessen. Dann verschwand sie in der Menschenmenge des Münchener Hauptbahnhofes und ließ mich zurück mit einer nahezu grenzenlosen Wut über ihre Vergangenheit.

Die Stange, auf der das Cruz de Ferro steht, ragt heute aus einem meterhohen Kegel solcher kleinen Steine heraus. Ich legte meine vier Steine zusammen in eine kleine Mulde auf halber Höhe des Steinhaufens und bedeckte sie mit anderen Steinen. Mir gefiel der Gedanke, dass sie auch dann noch dort liegen werden, wenn ich längst vergessen sein würde.

Vincent hatte mir von einer weiteren Legende erzählt: Nach ihr bleiben Wünsche, die man auf diese Steine überträgt, bis ans Ende der Zeit erhalten. So habe ich Dank in die Steine für Herrmann und meinen Vater gelegt, mein Versprechen in den für Andrea und das Glück, unterwegs zu sein, in den meinen. Ich schulterte wieder meinen Rucksack und lief weiter. Die Wolken und der Nieselregen verschlungen das Kreuz und den Steinhaufen.

Eine halbe Stunde später passierte ich die Herberge in Majarin. Ihr Hospitalero Tomás ist vor Jahren ebenfalls auf dem Jakobsweg unterwegs gewesen, er blieb jedoch hier in den Bergen von León und verpflichtete sich der Tradition der Templer. Nahe der Passhöhe errichtete er eine primitive Herberge und kümmert sich um all jene, die sich auf den Weg nach Santiago de Compostela machen.

Ich wollte möglichst schnell runter von der Passhöhe und machte mich an den Abstieg. Bald erreichte ich das

Bergdorf El Acebo. Alte Häuser umsäumten enge Gassen, ein kleiner Hund trabte mir entgegen. Er sah nicht sehr glücklich aus, stumm stimmte ich seinem Blick zu: Mistwetter. Der allgegenwärtige Regen war sehr erfolgreich; auch das beste Goretex kann nicht verhindern, dass man irgendwann doch nass wird. Vom Schweiß, vom Regen, der in die Jacke hineinläuft. Meine Socken waren nass und offenbar lief ich mir gerade auf der nassen Haut die nächsten Blasen. Die Annahme war richtig: Kurz vor Riego de Ambró verspürte ich einen stechenden Schmerz an einem Zeh und hatte plötzlich das Gefühl, auf rohem Fleisch zu laufen. Ich hüpfte auf einem Bein zur nächsten Steinmauer und zog die Schuhe aus: Eine kleine Blase war geplatzt, ein etwa erbsengroßer Fleck roten Fleisches schaute aus der aufgeweichten Haut heraus. Ich zauberte Pflaster und trockene Socken aus dem Rucksack, verarztete meine Füße und lief weiter.

Der kleine Weiler Riego de Ambró wies eine nette Herberge auf, ich wollte jedoch versuchen, weiter bis nach Ponferrada zu laufen. Ein Schweizer Industrieller hatte dieser Stadt eine Herberge gespendet, die in allen Führern als Geheimtipp gehandelt wurde. Ich war zwar nass und angeschlagen, es war aber auch erst früher Nachmittag. Ich lief weiter.

Der Ort Molinaseca lag tief unten im Tal und konnte am besten als lebendes Klischee bezeichnet werden. Es sah dort aus wie in den Heimatfilmen aus der Jugend meiner Eltern. Da die Tourismussaison vorbei war, nutzte der Ort den Winter für ein intensives Facelifting, die künstlich-hübschen Häuser verschanzten sich hinter Baugerüsten, die Straße war aufgerissen und wurde neu mit altem Pflaster bedeckt. Der Ort verfügte über eine Herberge am westlichen Ortsende. Diese entpuppte sich jedoch als ein dunkler, riesiger Bau mit winzigen Fenstern. Sie war verschlossen. Ich spähte hinein und stellte fest, dass sie den

Charme eines mittelalterlichen Folterkellers zu versprühen schien. Und außerdem ungeheizt war. Ich hatte nun die Wahl zwischen zwei weiteren Stunden Fußmarsch nach Ponferrada und einer ungemütlichen Herberge. Die Entscheidung fiel leicht: Eine halbe Stunde später blickte ich von einer Anhöhe auf die Stadt Ponferrada, Hauptstadt dieses Landstriches namens El Bierzo.

Im Abstieg fiel mir auf, wie sehr sich der Charakter der Dörfer veränderte: Die vergangenen Wochen war ich durch altehrwürdige Weiler gewandert, in denen die Behausungen Geschichten aus längst vergangenen Zeiten zu erzählen schienen. Nun betrat ich moderne Vororte mit Häusern und Gärten, die nach frischem Geld statt nach mehreren Generationen rochen.

Der Weg zog sich, und erst nach Sonnenuntergang erreichte ich die Herberge. Der Schweizer Wohltäter schien wirklich viel Geld zu haben: Die Herberge entpuppte sich als sauberer Bau am Rande der Innenstadt, mit Vierbettzimmern, sauberen Duschen, einer riesigen Küche mit Kaffeeautomat und offenem Kamin sowie einer Bibliothek mit mehreren Computern, die dem Pilger Zugang zum Internet boten. Der Hospitalero begrüßte mich freundlich, wies mir ein Zimmer zu und entzündete das vorbereitete Holzfeuer im Kamin.

Ich gönnte mir eine heiße Dusche, wusch meine Socken und blieb für den Rest des Abends barfuß, um meine offenen Blasen trocknen zu lassen. Ich konnte meine eMails abfragen und kochte mir ein Abendessen. Weitere Pilger trafen ein. Sie waren mit dem Bus nach Ponferrada gekommen und wollten am nächsten Morgen ihre Wanderung beginnen. Die Pilgerschaft wird anerkannt, wenn man die letzten 100 km zu Fuß zurückgelegt hat. Ich hatte schon geahnt, dass ich umso mehr Pilger treffen würde, je näher ich Santiago de Compostela komme.

Das Telefon klingelte, und der Hospitalero hob ab. Er führte ein längeres Gespräch, legte auf und fragte mich, ob ich einen Vincent kennen würde. Ich konnte dies bejahen. Vincent hatte wohl geplant, in der Herberge in Molinaseca zu übernachten. Dort hatte ich einen Zettel an der Tür gefunden, demzufolge man einfach Alfredo anrufen sollte, er würde die Herberge schon öffnen. Vincent hat genau dies getan; Alfredo antwortete allerdings, dass er für einen einzigen Pilger die Herberge nicht aufschließen würde. (Welch zuvorkommendes Verhalten.) Vincent brauchte noch drei weitere Stunden, bis er endlich müde und abgekämpft in der Tür stand. Die Suppe, die ich ihm gekocht hatte, nahm er dankend an.

Ruitelán

Meine Schuhe wollten nicht mehr: Ihre Nähte begannen aufzureißen, und ich fürchtete, dass sie diese Tour nicht überleben würden. Vincent lieh mir sein Leatherman, mit dessen Hilfe ich die aufgehenden Nähte mit Ledernadel und Zwirn wenigstens notdürftig wieder schloss. Ohne diese Zange hätte ich die Nadel nie durch das Leder hindurchtreiben können. Ich konnte nur hoffen, dass mein Flickwerk wenigstens bis zum Ende meiner Reise halten würde.

Die Stadt lag in tiefem Nebel, als ich aufbrach. Die berühmte Templerburg in der Mitte der Altstadt wurde im Schutz der Witterung und des Winters restauriert, Baukräne hoben Baustahl und Schweißausrüstung über die Festungsmauern. Ich musste schmunzeln: Wäre ein Templerritter zufälligerweise ins 21. Jahrhundert getunnelt, er hätte wahrscheinlich irritiert geguckt und angemerkt, dass er und seine Glaubensbrüder die Burg damals sehr wohl ohne Acetylenschweißgeräte aufgebaut hatten.

Entlang des Flusses verließ ich die Stadt. Der weitere Weg führte durch die Hügel des Bierzo über verschiedene Orte nach Camponaraya, dessen Supermarkt die Wieder-befüllung meines Proviantbeutels erlaubte. Weiter ging es nach Villafranca del Bierzo. Bereits am Ortseingang fand ich die Herberge "Ave Felix". Ihr Besitzer bemühte sich redlich, das angrenzende Pilgerhospital wieder aufzubauen, von dem der Zahn der Jahrhunderte nur noch Ruinen übriggelassen hatte. Es war erst früher Nachmittag, ich beschloss, weiterzulaufen und nicht die Nacht hier zu verbringen. Ich stieg durch enge Gassen in den Ort hinab und überquerte den Fluß Burbia. Auf der Brücke sprach mich ein älterer Mann an. Er konnte nicht glauben, dass es jemand alleine und im tiefsten Winter wagt, quer durch Nordspanien nach Santiago zu laufen.

Es begann nun wieder ein Anstieg in die Berge. Auf der anderen Seite wartete Galicien auf mich. Der Weg führte nicht sehr attraktiv parallel zur stark befahrenen N-6 nach Westen. Zwar war für Pilger eine eigene Spur eingerichtet worden, aber die asphaltierte Strecke war nicht gerade für ihre Szenerie berühmt. Der Lärm der autobahnähnlichen Strecke war nahezu allgegenwärtig. Den ganzen Tag über hatten Wolken den Himmel verfinstert, aber sie hatten es sich zumindest verkniffen, mich auch noch mit Regen zu erfreuen. Im Laufe des Nachmittags klarte es nun auf. Die Abendsonne verfing sich im Tal und tauchte es in oranges Licht.

Mein Tagesziel war Vega del Valcarce. Der Ort verfügte über zwei Herbergen, eine sehr gut sortierte Apotheke und einen kleinen Supermarkt, in dem ich noch ein wenig Obst und Schokolade kaufte. Von den beiden Herbergen gefiel mir keine. Der kleine Weiler Ruitelán, etwa 2 ½ km die Straße hinauf, sollte jedoch eine geradezu legendäre Herberge aufweisen. Ich setzte mir meine Stirnlampe als Frontscheinwerfer auf den Kopf und machte mich auf den Weg.

Mitten im Ort fing mich ein Mann mittleren Alters ab. Mein erster Eindruck war, dass er gut angetrunken war, später lernte ich jedoch, dass José seltsamerweise stocknüchtern diesen Eindruck hinterließ. Er wies mir den Weg zur Herberge. Der Herbergsvater Luís bereitete mir einen herzlichen Empfang. Die Herberge war klein, nicht besonders sauber, aber umso gemütlicher. Mir gefiel es hier sofort. Ich nahm Luís' Angebot von Abendessen und Frühstück dankend an. Dann fragte er mich, ob ich etwas dagegen hätte, wenn heute Nacht auch ein Hund mit im Dormitorio schlafen würde.

Ich liebe Hunde. Dieser vierbeinige Pilger entpuppte sich als eine Yorkshire-Terrierdame namens Minnie, die zusammen mit José unterwegs war. Die zwei reisten mit dem Rad in gemütlichen 40-50 km Etappen. Für die Fahrt hatte José für Minnie eine Umhängetasche, die er vor dem Bauch trug, und von der aus sie als Passagier die Landschaft genießen konnte. Minnie schien alle Vorurteile über ihre Rasse mit Lügen zu strafen und entpuppte sich als ein sehr umgänglicher und ruhiger Charakter. Natürlich durfte sie bleiben.

Ich zog meine Schuhe und Socken aus. Dabei entdeckte ich eine braune Flüssigkeit, die der vielfachen Blase an meiner rechten Ferse entsprang und schlicht und ergreifend erbärmlich stank. Ich erschrak: Wundbrand war das Allerletzte, was ich mir einfangen wollte. Ich zog das Blasenpflaster ab und betrachtete das druckempfindliche und schmerzende Stück rohen Fleisches, das einmal meine rechte Ferse gewesen war.

Das musste desinfiziert werden, und meine Rucksack-apotheke war für dieses Stadium des Wundverfalls nicht ausgerüstet. Ich fragte Luís um Rat. Er ließ sich von mir meine bisherige Behandlungsmethode schildern und klärte mich dann auf, dass ich so ziemlich alles falsch gemacht hatte, was man falsch machen kann: Blasenpflaster ist gut dafür geeignet, wenn sich eine Druckstelle eingestellt hat und man deren Weiterentwicklung zur Blase verhindern möchte. Ist die Blase jedoch schon da oder gar bereits aufgeplatzt, muss die Wunde luftdurchlässig verpackt und ihr Feuchtigkeit entzogen werden. Blasenpflaster hingegen verpackt sie luftdicht und hält die Feuchtigkeit drinnen.

Was nun? Ob ich schon geduscht hätte, fragte er mich. Nein, antworte ich. Gut, dann ab unter die Dusche, ordnete er an, in einer halben Stunde gäbe es ohnehin Abendessen. Dann würde er mir ein Fußbad mit Essigsalzwasser bereiten (alleine die Vorstellung war schon schmerzhaft) und mir erklären, wie ich die Ferse verbinden sollte. Ich verschwand unter der Dusche.

Luís' Abendessen entpuppte sich als eine kräftige Fleischsuppe sowie die allgegenwärtigen Karaffen mit Wasser und Landwein. Es folgte eine riesige Schüssel Salat, nach der José und ich eigentlich schon ganz gut satt waren, als auch noch eine mindestens genauso große Schüssel Spaghetti mit Pesto aufgetischt wurde. Ich habe da so meine Zweifel, dass im Rahmen eines solchen spanischen Abendessens schon mal jemand verhungert ist. Zum Nachtisch gab es Joghurt. Ich war so vollgestopft wie seit langem nicht mehr.

Nachdem für unser leibliches Wohl gesorgt worden war, brachte mir Luís eine Schüssel mit heißem Wasser, in welcher er noch eine Menge Salz und eine noch größere Menge Essig gab. Vorsichtig steckte ich meinen geschundenen Fuß rein. Zu meiner Überraschung blieb der erwartete brennende Schmerz aus, es fühlte sich sogar richtig angenehm an. Während mein Fuß einweichte, widmete ich mich dem Schreiben meines Tagebuches.

Luís erklärte mir die weiteren Behandlungsschritte: In der Nacht sollte ich die Wunde möglichst offen lassen. Am nächsten Morgen sollte ich dann ein Stück Mullbinde mit Jodlösung beträufeln, dieses auf die Wunde drücken und mit Heftpflaster fixieren. Das war genau der luftige und feuchtigkeitsentziehende Verband, den er angekündigt hatte. Ich bat ihn, mir die Zutaten für diese Packung aufzuschreiben, damit ich sie mir in der nächsten Apotheke beschaffen könnte. Die Versorgung ausgeuferter Marsch-blasen war leider noch nicht Bestandteil meines Spanischunterrichts gewesen. Er erfüllte mir diesen Wunsch.

Als ich meinen Fuß aus dem Wasser zog, sah die Ferse schon deutlich gesünder aus. Das gereizte Rot war fahlem Rosa gewichen, sie schmerzte deutlich weniger und sah richtig sauber aus. Da ich mir nicht meinen Schlafsack mit dem besudeln wollte, was Marschblasen üblicherweise so absondern, fertigte ich doch schon jetzt eine von Luís' Packungen an und versorgte meine Ferse. Dann verschwand ich ins Bett. Von Minnie war nichts zu sehen. José erzählte mir, dass sie sich immer in den Fußteil seines Schlafsacks zurückziehen würde (er ließ dann dort auch den Reißverschluss offen), um dort zu schlafen. Die ganze Nacht war kein Ton von ihr zu hören.

Triacastela

Auch Luís weckte mit Musik: Am Morgen schallte klassische Musik durch die Gänge und holte uns aus unseren Schlafsäcken. Der von unserem Herbergsvater gedeckte Frühstückstisch bog sich ungefähr genauso tief durch wie während des gestrigen Abendmahls. Gut gestärkt packte ich meinen Rucksack und erneuerte den Verband an meiner Ferse.

Aus den vergangenen Wochen war ich es gewohnt, dass mein rechter Fuß sich nur unter Schmerzen im Wanderschuh unterbringen ließ. Und zwar unter jener Art von Schmerzen, die direkt proportional zu den bereits zurückgelegten Gesamtkilometern sind. Nicht so an diesem Morgen: Ich schlüpfe schmerzfrei in die Schuhe, bedankte mich bei Luís, wünschte José noch einen schönen Weg und brach auf. (Das war mal eine angenehme Abwechslung.)

Der Jakobsweg folgte der Landstraße noch ein Stückchen, bevor er sie links verließ. Für Fußpilger führte der Camino nun auf schmalen Pfaden den Berg hinauf, Radfahrer mußten/sollten auf der Straße bleiben. Die dünnen Wolken, die morgens hoch im Tal gehangen hatten, lösten sich auf, und das Bierzo verabschiedete sich von mir von seiner schönsten Seite: Blauer Himmel, wärmende Sonne, und die Täler mit dicken, weißen Wolken vollgelaufen.

Ich passierte den Weiler La Faba und betrat kurz darauf die Provinz Galicien. Ein Meilenstein verkündete die verbleibende Distanz nach Santiago de Compostela und die Tatsache, dass man nun endlich die regenreichste Provinz Spaniens erreicht hatte. Alle 500 m würde nun ein solcher Stein anzeigen, wie weit ich noch bis zur Kathedrale im Sternenfeld zu laufen hatte. Ich drehte mich um und blickte über die wolkengefüllten Täler nach Osten. Vor nicht allzu langer Zeit war ich an einem schmalen, aber hohen Schild vorbeigekommen, das den Verlauf des Camino Francés durch die Provinz Castilla y León beschrieb. War das gestern? Vor zwei Wochen? Vor einer halben Ewigkeit? So viel war seitdem passiert, und so frisch war noch die Erinnerung von einem einsamen Pilger, der mit schiefem Grinsen zu diesem Schild emporsah und die Herausforderung annahm. Dies war einer der wenigen Augenblicke auf meiner Reise, in denen mir wirklich bewusst wurde, welche Distanzen ich eigentlich zurücklegte.

Ich stieg weiter auf und betrat in 1300 m Höhe das Bergdorf O Cebreiro. Auf dem Kamm gelegen, fegte ein kalter Wind durch die Gassen und versuchte, den Hochnebel zu vertreiben, der sich dort zwischen den Häusern verfangen hatte. Ich bog um die Ecke und sah einen riesigen Hund vor einem der nächsten Hauseingänge liegen. Er sah mich an, sprang mit einer Geschwindigkeit auf die Beine, die seine Masse Lügen strafte, und kam entrüstet bellend auf mich zugestürmt. In der Regel komme ich mit Hunden hervorragend aus, dass da ein Vertreter dieser Gattung auf mich zugestürmt kam, der mindestens die Hälfte meines Körpergewichtes hatte (und mit 1,96 cm Körpergröße gehöre ich nicht gerade zu den Leichtgewichten), war dann aber auch für mich Anlass zur Beunruhigung. Der Koloss hatte aber nicht vor, mich in Einzelteile zu zerlegen, sondern bremste vor mir ab und ließ sich genüsslich kraulen. Wieder mal ein Wachhund, der Einbrecher dadurch aufhält, dass er sie umwirft, sich auf sie draufsetzt und abschleckt. Er bekam seine Streicheleinheiten und trabte zu seinem Hauseingang zurück.

Ich bekam Hunger. Ich zog ein halbes Baguette aus meinem Rucksack, schulterte ihn wieder, knabberte es im Gehen und machte mich auf, die Passhöhe zu ersteigen. Zum ersten Mal auf meiner Wanderung wurde ich in etwa 1400 m Höhe mit Schneewehen konfrontiert. Der Schnee war nass und schwer, und zum Glück war es relativ einfach, diesen Streckenabschnitt zu überwinden. (Für Tiefschnee war ich nicht ausgerüstet.) Der Pfad tangierte am Pass von San Roque die Straße, und plötzlich hörte ich jemanden meinen Namen rufen. Hinter mir rollte José auf seinem Rad die Straße entlang. In der oliven Schultertasche vor seinem Bauch saß Minnie, die es sichtlich genoß, mit ihren kurzen Beinen diese Strecke nicht zu Fuß zurücklegen zu müssen. Die zwei waren ein Bild für die Götter. Welches auch umgehend mit der Kamera festgehalten wurde. Dann rollten sie weiter und entschwanden meinem Blick.

Über Hospital da Condera führte der Weg zum Pass Alto do Poio (1335 m). Auf dem Weg dorthin stürmte wieder lautstark ein erboster Hofhund auf mich los, nur um sich anschließend genüsslich durchkraulen zu lassen. Seine Kollegen waren nicht ganz so mutig, sie warteten in sicherer Entfernung und betrachteten diese Begegnung. Im Vergleich zu den Orten, die ich bisher durchquert hatte, fielen mir in den Weilern Galiciens übermäßig viele Hunde ins Auge. Zu viele von ihnen verbrachten ihr Leben angekettet vor Scheunen. Jede Störung ihrer Umgebung bedachten sie mit aggressivem Gebelle ohne jegliche Möglichkeit, sich den Störer einmal genauer ansehen zu können. Es gab ein paar, die mit gefletschten Zähnen auf Pilger losgingen. Mein Wanderführer empfahl für diesen Fall, einen Stein wurfbereit aufzuheben. Sie wissen offenbar, wie sehr es schmerzt, von so einem Wurfgeschoß getroffen zu werden, und treten bei diesem Anblick den Rückzug an. Dann gab es jene, die lautstark ihren Revieranspruch verkündeten und einfach nur mal vorbeischauen wollten, wer denn da gerade in das ebensolche eingedrungen ist. Wegzoll war in Form von Streicheleinheiten zu bezahlen. Zuletzt gab es dann noch jene, die entspannt in der Sonne lagen und in einem wahren Anfall von Hyperaktivität den vorbeigehenden Pilger mit einer hochgezogenen Augenbraue bedachten. Ich bevorzugte Vertreter der letzten beiden Kategorien.

Der weitere Weg vom Pass aus verlief erst auf der Höhe entlang und stieg dann langsam ins Tal ab. Der Ort Triacastela lag tief im Tal und kam langsam in Sicht. Der Weg dorthin führte durch mehrere kleiner Dörfer, die über Hohlwege miteinander verbunden waren. In einem von ihnen winkte mich ein alter Mann in eine Scheune. Er wollte mir eine Schüssel Walnüsse verkaufen. Jedoch enthielt erstens mein Rucksack keinen Nussknacker, und zweitens lag der verlangte Preis ein Vielfaches über dem, was ich gar für bereits geschälte Walnüsse bezahlen würde. Dieser Trick funktioniert vielleicht in den Sommermonaten, wenn jeden Tag tausende Pilger seinen Hof passieren, nicht aber im tiefsten Winter, wenn sich deren Anzahl an den Fingern einer Hand abzählen lässt. Ich zog weiter.

Die städtische Herberge lag am Anfang des Ortes. Sie hatte in meinem Herbergsverzeichnis jedoch keine besonders guten Kritiken bekommen. Allerdings sollte es im Ort noch einige gute, private Herbergen geben. Ich lief tiefer in die Ortschaft hinein und hielt außerdem noch Ausschau nach einem Supermarkt und einer Apotheke. Den Supermarkt fand ich zuerst und wurde dort von einer Dame mittleren Alters angesprochen. Sie stellte sich als die Hospitalera der einzigen geöffneten privaten Herberge vor und lud mich ein, doch die Nacht in ihrem Haus zu verbringen. Diese Herberge entpuppte sich als ein Neubau an der Hauptstraße. Zwar wirkte diese Herberge steril und seelenlos, aber sie bot einen gemütlichen Schlafraum, sehr saubere Duschen und eine riesige Küche, von der aus sich das Treiben auf der Straße beobachten ließ. Sicher war diese Herberge kein guter Anlaufpunkt für eine Pilgerschaft im Sommer, da es keine Möglichkeit gab, sich im Garten unter einen Baum zu legen. Im tiefsten nordspanischen

Winter mit Temperaturen um den Gefrierpunkt war sie genau das, was ich suchte.

Ich ließ meinen Rucksack im Schlafraum zurück, verließ die Herberge nach rechts und suchte den Supermarkt heim. Mein Proviantsack gierte nach Nachschub, und ich hatte Lust auf ein paar Leckereien zum Nachtisch. Nachdem ich meine Einkäufe in der Herberge deponiert hatte, bog ich diesmal links ab und machte mich auf die Suche nach der Apotheke. Meine Herbergsmutter hatte mir die simple Wegbeschreibung "links die Straße runter" mitgegeben. Nach etwa zehn Minuten war ich am Ziel. Ich zückte den Zettel, den mir Luís geschrieben hatte, und trat ein. Die Apothekerin war eine sehr freundliche Dame: Sie baute alle verfügbaren Packungsgrößen an Jodlösung vor mir auf der Ladentheke auf (ich nahm die kleinste), drei verschiedene Packungen Mullbinden (ich nahm mal 50 Stück mit), und da wir uns auf keine gemeinsame Definition des Begriffes Heftpflaster einigen konnten, lagen am Ende mehr als ein Dutzend Packungen davon vor mir auf der Theke. Ich wählte die geeignetste Form und machte mich auf den Rückweg zur Herberge.

Angesichts der Tatsache, dass ich den ganzen Tag über nichts von meiner Ferse gehört hatte, hatte ich schon eine Vermutung, was ich zu sehen bekommen würde, als ich aus den Wanderschuhen schlüpfte. Meine Erwartungen wurden sogar noch übertroffen: Statt der knallroten, entzündeten Fleischmasse der letzten Tage präsentierte sich meine Ferse in einem schmerzunempfindlichen Blassrosa. Luís' Heilkünste hatten meinen Fuß gerettet. Ungeachtet der Tatsache, dass ich auch weiterhin jeden Tag im Schnitt 36 km zurücklegen würde: Bis ich Santiago de Compostela erreicht hatte, war die Wunde verheilt.

Portomarín

Nach einer ruhigen Nacht wachte ich frierend auf. Zwar hatte ich mir das Bett ganz nah an den Heizkörpern geangelt, aber Isolierglas scheint in Spanien nicht unbedingt zum Baustandard zu gehören. Das Resultat war ein Heizkörper, den man besser nicht berühren sollte (es sei denn, man hat Interesse an Brandwunden); und das bei einer Raumtemperatur, bei der sich ein Eisbär heimisch gefühlt hätte.

Ich packte meinen Rucksack und lief los. Es war ein schöner Wintertag: Kalte, klare Luft, Raureif auf den Feldern und ein eisblauer Himmel. In Triacastela teilte sich der Weg: Die längere Variante geht über das Benediktiner- kloster in Samos nach Sarria, ein anderer Weg geht relativ direkt über die Berge dorthin. Ich entschloss mich für die direkte Variante.

Ich verließ den Ort und lief in ein ruhiges Tal hinein. In dem Weiler Balsa bewachte ein Hund, dessen Gesicht sehr dem eines Fuchses ähnelte, eine Herde Hühner. Das Kinderlied "Fuchs, Du hast die Gans gestohlen" schoss mir durch den Kopf. (Und blieb dort als Ohrwurm für die nächsten Stunden.) Dieser "Fuchs" schien jedoch keine Absicht zu haben, seine Schützlinge zu dezimieren, sondern wachte mit einem Ausdruck stoischer Ruhe in seinen Augen über das Federvieh, das um ihn herumstolzierte.

Sarria hatte ich gestern schon von der Passhöhe aus in der Ferne in den Tälern liegen sehen. Etwa zwei Kilometer vor der Stadt hatte sich ein Pilger auf seinem Rucksack niedergelassen und rollte sich eine Zigarette. Michael stammte aus der Schweiz (was man ihm aufgrund eines asiatischstämmigen Elternteils nicht ansah) und war schon einmal entlang der Jakobswege von Zürich bis nach Santiago de Compostela gelaufen. Diesmal war er von Leon aus gestartet: Er brauchte Zeit zum Nachdenken, zwei Wochen auf dem Jakobsweg schienen ihm der beste Weg zu sein, diese Zeit zu bekommen. Ich konnte ihm diesbezüglich nur zustimmen. Wir lagen auf einer Wellenlänge, uns über Gottesbilder und Weltanschauungen austauschend liefen wir in die Stadt hinein, durch ihre Gassen hindurch und verließen sie wieder auf kleinen Straßen hinein in die grünen Hügel Galiciens.

Ab Sarria sind es etwas mehr als 100 km bis nach Santiago de Compostela. 100 km sind die Distanz, die man mindestens zu Fuß zurückgelegt haben muss, um die Pilgerschaft anerkannt zu bekommen. Ab hier starten die Kurzstreckenfußpilger, spätestens ab hier soll in den Sommermonaten der Weg vollkommen überlaufen sein.

Wir trafen nahe des Weilers Barbadelo eine norwegische Familie bestehend aus Vater, Mutter und Tochter. Die Tochter hatte es aufgrund körperlicher Gebrechen ihres Vaters übernommen, in einem recht großen Trekkingrucksack ihre eigene Ausrüstung und die ihrer Eltern zu transportieren. Wir kamen schnell ins Gespräch: Sie unternahmen gerne längere Wanderungen und berichteten uns unter anderem von einem Pilgerweg in Norwegen, der von Oslo bis nach Trondheim führt. Am Wegesrand saß abseits ein weiterer Pilger und hielt eine kurze Rast. Er winkte freundlich.

Bald erbat sich der Vater jedoch aufgrund seiner Rückenschmerzen eine Pause, Michael und ich wollten aber heute noch Portomarín erreichen und liefen weiter. Auch Michael fiel bald zurück, er wollte sich ausruhen und vor allem wieder eine Zigarette rauchen. Wir verabschiedeten uns, und ich zog alleine weiter.

Kurz nachdem ich Michael zurückgelassen hatte, passierte ich jenen Markierungsstein, der die verbleibende Distanz von 100 km nach Santiago anzeigte. Eigentlich wollte ich diesen mit einem Foto verewigen, er war nur leider furchtbar mit Graffiti verunstaltet. Schade. Kurz darauf erreichte ich eine kleine Kapelle am Wegesrand. Auf ihrem Altar häuften sich kleine Briefe von Pilgern, die vor mir diesen Ort erreicht hatten. Ich las einige von ihnen. Offenbar sind viele junge Männer hier unterwegs, um eine verlorene Liebe zu verarbeiten. Ich musste schmunzeln, in ähnlicher Situation wäre mir dieser Gedanke auch gekommen.

In einem kleinen Dorf passierte ich einen noch kleineren Hof und wurde mit freudigem Gebelle begrüßt. Nun, als Gebelle konnte man diese Laute eigentlich nicht bezeichnen, die drei kleinen Welpen schienen gerade der Mutter entwöhnt zu sein und waren begierig, ihre Welt zu erkunden. Sie zwängten sich durch die losen Latten des Zauns und wollten sich den Pilger in ihrem zukünftigen Revier mal etwas genauer ansehen. Soweit war die Szene ja ganz nett, aber die kleinen Racker wollten anschließend nicht mehr nach Hause. Meine Überredungskünste fruchteten nicht, sie wollten mitlaufen. Selbst mehrere hundert Meter außerhalb des Dorfes folgten sie mir noch immer. Ich hatte Glück: Der Besitzer der drei Racker lief 200 Meter vor mir, drehte um und scheuchte die Kleinen mit einem resoluten "¡A casa!" wieder nach Hause. Die drei gehorchten.

Kurz vor Ferreiros überholte ich zwei junge Spanier, die ich zuletzt in der Herberge in Ponferrada gesehen hatte. Sie schienen erschöpft zu sein, benötigten aber keine Hilfe, wie sie mir versicherten. Ich erreichte den Ort und suchte nach der Herberge. Mein Herbergsverzeichnis beschrieb sie als eher ungastlich, was ich nicht nachvollziehen konnte. Allerdings wies der kleine Weiler keine nennenswerte Infrastruktur auf, die Telefonzelle vor der Herberge schien der Höhepunkt des gesellschaftlichen Lebens zu sein. Bis nach Portomarín waren es nur noch knappe zehn

Kilometer, und das einbrechende Abendrot lud dazu ein weiterzulaufen.

Der Weg zog sich über die Hügel dahin. Der Fluß Miño, an dessen Ufer die Stadt liegt, ist in den 60er Jahren aufgestaut worden. Die alte Siedlung verschwand in den Fluten, nur die romanische Wehrkirche San Nicolás war Stein für Stein abgetragen und inmitten des neuen Stadtkerns wieder aufgebaut worden. Noch heute sieht man die Nummerierung der einzelnen Steinblöcke.

Ich erreichte den Rand der Stadt mit der hereinbrechenden Dunkelheit. Mein Pilgerführer wies zwar verschiedene Herbergen aus, finden konnte ich jedoch erstmal keine einzige. Mit mehr als 40 km unter den Sohlen wollte ich langsam mal aus den Schuhen raus, stockfinstere Nacht brach herein, und Nebel zog vom Stausee auf. Ich folgte den schlecht erkennbaren Markierungen in die Stadt hinein und fand schließlich die städtische Herberge.

Sie hatte einen Flair, der zwischen dem einer Jugendherberge und einer Sporthalle lag. Zwar brannte in ihr Licht, aber andere Pilger waren nicht zu sehen. Auch ein Hospitalero war nicht zu erblicken. Am Eingang lag ein Stempel samt dazugehörigem Stempelkissen, daneben eine Kiste für Spenden.

Ich begann, mich in der Herberge umzusehen. Erst durchstöberte ich das Erdgeschoss, fand dabei zwar die Waschräume, aber weder Betten noch andere Menschen. Ich stieg in den ersten Stock auf. Die meisten Türen waren verschlossen, eine ging auf. Vor mir lag ein sauberes Dormitorio mit etwa 60 Betten, auf einem lag ein mir vollkommen fremder Pilger mittleren Alters mit kräftigem Vollbart. "¡El alemán! ¡Es el alemán!", rief er laut, als er mich erblickte und vor allem, bevor ich mehr als ein kurzen Gruß herausgebracht hatte.

Während ich mich noch wunderte, wie mein Ruf mir vorauseilen konnte (dazu noch so gut, dass man mich als Deutscher, genauer gesagt als "der Deutsche" identifizieren konnte), erhob sich von einem der von mir nicht einsehbaren Betten José und begrüßte mich. Wir hatten offenbar beide die letzte Nacht in Triacastela verbracht; er jedoch zusammen mit Fernando, dem eben erwähnten bärtigen Galicier, in der städtischen Herberge vor den Toren der Stadt, während ich im Zentrum genächtigt hatte. Die beiden hatten mich am frühen Abend nach Triacastela hineinlaufen sehen, daher konnte Fernando mich auch auf Anhieb erkennen.

Noch während ich mir ein Bett aussuchte, erschien jener Pilger, der uns am Nachmittag mit vollem Mund fröhlich zugewunken hatte. Jesús war einer jener Kurzstreckenpilger, die von Sarria aus starten. Er hatte sich in der Woche vor Weihnachten einige Tage freigenommen und war nun bestrebt, Santiago de Compostela rechtzeitig zu erreichen, um am Heiligabend wieder bei seiner Familie zu sein.

Ich verließ die Herberge, trat hinaus in die vernebelte Stadt und machte mich auf die Suche nach einem Supermarkt. Ich füllte meinen Proviantsack und eilte zurück in die Herberge. Nach der klaren, trockenen Luft des Tages fühlte sich der feuchte Nebel der Nacht umso eisiger an. Die Küche der Herberge war nicht besonders gut sortiert, aber zumindest fand ich den einzigen Topf, um mir ein paar Nudeln zu kochen.

Michael traf gegen acht Uhr ein, lange nach Einbruch der Dunkelheit. Er hatte sich eine Menge Blasen gelaufen und war daher nicht besonders schnell unterwegs. Auch die Norweger hatten noch Portomarín erreicht, nächtigten jedoch in einer Pension. José kam von seinem Streifzug durch die Stadt zurück. Er hatte seine Umhängetasche vor dem Bauch und hielt seine Mütze darüber. Jetzt verstand ich, wie er Minnie in Herbergen hineinschmuggelte: Wenn es sein mußte, blieb sie mucksmäuschenstill und gab sich mit keiner Bewegung zu erkennen. Die beiden waren schon ein eingespieltes Team.

Ein weiterer Mann trat ein. Seine Kleidung und Ausrüstung ließ nicht darauf schließen, dass er ein Pilger war; er hinterließ eher den Eindruck eines Landstreichers. Wortkarg nutzte er die Küche, um sich ein gutes Abendessen zu kochen, und bestand danach darauf, die Nacht vor der Herberge zu verbringen. In den nächsten Tagen sollte ich lernen, dass mein erster Eindruck von ihm falsch gewesen ist: Auch er befand sich auf dem Weg nach Santiago.

Die eiskalten Duschräume der Herberge boten über- raschend heißes Wasser. Ich duschte, wusch meine Kleidung und nutzte die langen Heizkörper, die neben den Betten im Schlafsaal installiert waren, um meine Kleidung bis zum nächsten Tag wieder zu trocknen. Gerade als wir alle nett plaudernd in der Küche saßen, ging plötzlich um zehn Uhr das Licht aus. Offensichtlich war die Beleuchtung dieser Herberge zeitschaltuhrgesteuert. Wir gingen in den Schlafraum, in dem dann fünfzehn Minuten später ebenfalls das Licht ausging. So automatisiert bin ich noch nie ins Bett verfrachtet worden.

Kathedrale in León

El Bierzo

O Cebreiro

Der Weg nach Galicien

Galicien

Hohlweg

129

Hórreo (Maisspeicher)

Winterstimmung

Kurz vor Santiago de Compostela

Santiago de Compostela

Monte do Gozo

Alte Mühle in Ponte Maceira

Kap Finisterre

Am Ende des Weges

Mato-Casanova

Auch morgens bewahrte die Herberge ihren ausgesprochen pünktlichen Charakter: Um halb acht schalteten sich alle Lampen im Schlafsaal ein, und ließen sich auch nicht mehr ausschalten. Es war warm und trocken, und wir wollten diese paradiesischen Verhältnisse eigentlich mal zum Ausschlafen nutzen. Angesichts der Festbeleuchtung quälten wir uns dann jedoch mehr oder weniger wach aus den Schlafsäcken. Zeit für ein gemütliches und langsames Aufbrechen gab es aber auch nicht: Um neun Uhr gingen die Lichter wieder aus, draußen war zu diesem Zeitpunkt noch nicht einmal die Sonne aufgegangen.

Der Nebel hatte die Stadt fest im Griff. Dick hing er in den Gassen und gefror auf den Straßen. Die romanische Wehrkirche war so nur ausschnittsweise zu erkennen. Brot und Wurst mümmelnd überquerte ich einen Seitenarm des Miño und stieg wieder auf die Hügel um Portomarín. Gegen elf Uhr hatte ich genügend Höhenmeter angesammelt, um der klammen Feuchtigkeit des Nebels zu entkommen. Der Himmel war blau und ohne eine einzige Wolke, die Luft trocken, klar und kalt.

Der Weg führte einen Steinwurf abseits der Straße nach Westen. Ich hörte einen Pfiff neben mir. José und Minnie radelten zum letzten Mal an mir vorbei, ich würde sie nicht wiedersehen. Diesmal hatten sie mich endgültig überholt. In der Nähe von Hospital da Cruz traf ich erst Fernando, dann Jesús wieder. Beide hatten sich für eine kurze Rast am Wegesrand niedergelassen und naschten Schokolade. Jesús war allerdings von einem jungen Schäferhund aufgespürt worden, der ebenfalls Interesse an den Walnüssen und der Vollmilchschokolade aus seinem Rucksack hatte. Wenige hundert Meter weiter fand ich Michael, der seine malträtierten Füße massierte und eine Zigarette rauchte. Er hatte am Morgen in der Herberge seine unzähligen Blasen aufgestochen, seine Füße ähnelten nun einem rohen Stück Fleisch.

Es ging weiter auf kleinen Pfaden durch die Hügel Galiciens. Am frühen Nachmittag erreichte ich Palas de Rei. In der Calle de la Iglesia saß ein älterer Mann in der Dezembersonne auf der Parkbank und bot mir an, mein Credential zu stempeln. Ich folgte ihm in die Kirche und nutzte die Gelegenheit, ein Gotteshaus mal unverschlossen vorzufinden und auch von innen betrachten zu können. Das Innere des äußerlich schlichten Gebäudes war dominiert von schweren, kostbaren Stoffen und Goldverzierungen. Solche Kirchen stehen in meinen Augen im krassen Gegensatz zu einer Religion, die vor knapp 2000 Jahren der mittellose Sohn eines Zimmermanns gegründet hatte. Auf einmal fand ich es nicht mehr so schade, auf meinem Weg an so vielen verschlossenen Kirchen vorbeigekommen zu sein.

Die Geschäfte in der kleinen Stadt gönnten sich gerade ihre Mittagspause, und ich wollte nicht warten, bis sie wieder öffneten. Ich hoffte auf eine weitere Einkaufsmöglichkeit im Laufe des Tages (die leider nicht kam) und marschierte weiter. Vor der Herberge begegnete ich dem "Landstreicher". Wir wechselten ein paar Worte, er wollte die Nacht über in Palas de Rei bleiben, ich jedoch wollte die verbleibenden Stunden Tageslicht nutzen, weiter nach Westen zu ziehen.

Kurz vor Sonnenuntergang erreichte ich den Weiler Mato-Casanova. Die Herberge war in meinem Herbergs-verzeichnis in den höchsten Tönen gelobt worden, in den Sommermonaten verkauft die Hospitalera selbstgebackenes Brot und Honig aus den hofeigenen Bienenstöcken. Die Herberge war verschlossen, an der Tür war keine

Telefonnummer eines Hospitaleros angegeben, den man hätte anrufen können. Ich stellte meinen Rucksack vor die Tür und schaute von der Veranda fragend in die Landschaft hinaus. Einige Steinwürfe die Straße hinunter fing ein Mann meinen Blick auf und fragte mich, ob ich in der Herberge übernachten wolle. Er holte den Schlüssel und kam mit seinen drei Hunden, die neugierig auf diesen Winterpilger waren, um mir die Herberge aufzuschließen und die Räume zu zeigen. Er achtete sehr gewissenhaft darauf, dass ich mich in das Gästebuch eintrug. Einen Betrag für die Übernachtung nannte er nicht: In den Herbergen Galiciens waren alle Pilger willkommen. Wer es sich leisten konnte, wurde gebeten, eine Spende zu hinterlassen. Wer sich dies nicht leisten konnte, durfte trotzdem bleiben.

Die Herberge wirkte gemütlich, allerdings war die Heizung ausgeschaltet. Die Fenster in den Dormitorios waren geöffnet, was zwar für frische Luft in den Schlafräumen gesorgt hatte, aber leider die Raumtemperatur stark gesenkt hatte. Trotzdem: Der Tag war warm genug gewesen, um die Fleecemütze zum ersten Mal seit Wochen für wenige Stunden im Rucksack verschwinden zu lassen.

Zwar boten die Waschräume heißes Wasser; mangels einer Gelegenheit, das nasse Handtuch die Nacht über zu trocknen, verzichtete ich jedoch auf eine Dusche. Während ich mir in der Küche meine obligatorischen Nudeln kochte, traf Jesús ein. Er sah erschöpft aus, offenbar lief er Distanzen, an deren Länge er nicht gewöhnt war, um bis Weihnachten wieder bei seiner Familie zu sein. Der Hospitalero hatte uns zwar gesagt, dass die Heizung im Laufe des Abends anspringen würde, diese Vorhersage trat aber nicht ein. Wir gingen früh ins Bett. Die Wintersonne hatte das Haus zum Glück doch noch zumindest ein wenig aufgeheizt, so dass wir eine angenehme Nacht hatten.

Santa Irene

Das gute Wetter blieb uns treu: Der Morgen begann warm und mit strahlendem Sonnenschein. Ich steckte mein letztes Stück Brot in die Cargotasche meiner Trekkinghose, schulterte meinen Rucksack und verabschiedete mich von Jesús. Es war deutlich wärmer als die letzten Tage, schnell reduzierten sich die Kleidungsschichten, und auch die Mütze verschwand mal wieder im Rucksack. Einlaufend in Melide sah ich vor mir eine bekannte Gestalt: Der "Landstreicher" hatte mich wohl doch noch überholt, nun holte ich ihn wieder ein. Wir würden uns heute noch mehrfach begegnen, bevor ich ihn dann in der Nähe von Arzua aus den Augen verlor.

Ich füllte in einem Supermarkt meinen Proviantsack und zog mit den Einkäufen weiter, bis ich im Zentrum des Ortes auf eine Parkbank traf, auf der ich ein spätes Frühstück aus Mandarinen, Flan und Obstsaft zu mir nahm. Danach war ich so satt, dass das gekaufte Gebäck doch noch in den Rucksack einziehen durfte. Um später nicht nur noch Krümel zum Essen zu haben, packte ich es besonders vorsichtig ein.

Die Landschaft hatte sich gewandelt: In Navarra, La Rioja, Kastilien und dem Bierzo lagen immer mehrere Kilometer zwischen einzelnen Dörfern. In Galicien verband ein Netz aus schmalen Hohlwegen die kleinen Siedlungen, so dass man etwa jede halbe Stunde einen anderen Weiler durchquerte. Durch die Hügel und Dörfer erreichte ich am frühen Nachmittag Arzua, beschloss jedoch weiterzulaufen.

Ein zweijähriges Pferd kam entspannt über seine Koppel auf mich zugaloppiert. Geübt streckte er seinen sperrigen Kopf zwischen den Stahldrähten der Umzäunung hindurch und ließ sich die Nüstern kraulen.

Kurz darauf traf ich auf einen Schäferhund: Er lief frei in einem eingezäunten Grundstück und begrüßte mich mit Gebell. Er stürmte auf die Mauer seines Gartens zu, schob seine Schnauze durch ein enges Loch im Zaun und wartete regungslos. Vorsichtig kraulte ich ihm die Nase. Er schien diese Liebkosung sichtlich zu genießen. Ich lief weiter, und er trabte gemütlich zurück auf sein sonniges Fleckchen inmitten des Innenhofes.

Es wurde bereits dunkel, als ich müde die Herberge in Santa Irene erreichte. Zwar lag diese direkt an einer Landstraße, war aber trotzdem ruhig. Ich schleppte mich in eines der Dormitorios und sank müde auf einem Stuhl zusammen. Nach kurzer Zeit tauchte eine junge Hospitalera auf, die mein Credential stempelte und mich im Gästebuch eintrug. Dann ging sie wieder.

Ich beschloss, meinen bereits tief schlafenden inneren Schweinehund wieder zu wecken und mich doch mal um eine Dusche und ein Abendessen zu kümmern. Im Bad dann der Schock: Aus den Wasserhähnen tropfte nur das Wasser, das noch in der Leitung stand, einige große Tropfen später versiegte der Fluß. Auch die Duschen und die Spüle in der Küche lagen trocken. Ich zückte die Taschenlampe und machte mich auf die Suche nach dem Hauptwasserhahn. Erfolgreich war ich allerdings nicht.

Ich zupfte mein Mobiltelefon aus dem Rucksack, wählte die Nummer der Hospitalera und schilderte ihr das Problem. Sie versprach, sofort zu kommen, und ich war angesichts der Tatsache, dass das Wort "Hauptwasserhahn" in meinem Spanischunterricht bisher noch nicht vorgekommen war, furchtbar stolz auf meine linguistischen Fähigkeiten.

Bereits nach wenigen Minuten hörte ich ihren Kleinwagen vor der Tür. Gemeinsam stellten wir erneut die Herberge auf den Kopf, suchten in jedem Raum und klapperten die Hauswand ab. Sie telefonierte noch herum, am Ende blieb der Wasserhahn trotzdem nicht auffindbar. Anschließend eröffnete die junge Dame mir die folgenden Alternativen: Entweder könnte ich zur nächsten Herberge weiterlaufen (dazu war ich viel zu müde), oder sie würde mir etwas Wasser vorbeibringen, das ich zum Kochen und für die Katzenwäsche verwenden könnte. Wir einigten uns auf die zweite Option. Sie verschwand, stand zehn Minuten später wieder in der Tür und überreichte mir eine Dreiliterflasche Wasser. Nun, damit war keine ausgiebige Dusche möglich, das Zubereiten eines Abendessens allerdings schon.

Gerade als sie wieder gehen wollte, stand ein müder Jesús in der Tür. Er quälte sich wirklich, um bis Heiligabend wieder bei seiner Familie zu sein. Er war kein schneller Läufer, und er lief zu weit: Seine Füße waren wundgescheuert. Dank einer sehr netten Apothekerin aus Triacastela hatte ich mehr Jod und Mullbinden in meinem Rucksack, als ich bis ans Ende meiner Reise benötigen würde. Vorsichtig versorgte ich seine Füße. Meiner eigenen Blase ging es prächtig: Ich hatte die Anweisungen von Luis, dem Hospitalero in Ruitelán, befolgt. Wo einst rohes Fleisch gewesen war, bedeckte nun wieder feste Haut meine Ferse und erlaubte schmerzfreies Wandern.

Wir gingen in die Küche, kochten uns eine Kleinigkeit und krochen früh in unsere Schlafsäcke.

Santiago de Compostela

Im Vergleich zu Tagesetappen von mehr als 40 km in den vergangenen Tagen wirkten die verbliebenen 26 km nach Santiago wie eine Halbtagesdistanz. Ich ließ mir am Morgen Zeit und brach eine halbe Stunde nach Jesús auf.

In etwas weniger als einer Stunde erreichte ich die Ortschaft Arca-Pedrouzo. Die dortige Herberge konnte ich nicht finden [ein Jahr später fand ich sie doch in zweiter Reihe hangabwärts], der kleine Supermarkt versorgte mich jedoch mit einem späten Frühstück und den leckeren Mandelplätzchen, die ich in Kastilien so gerne genascht und in Galicien bisher nicht gefunden hatte. Ich verließ die Siedlung, suchte mir im Wald ein ruhiges Plätzchen und futterte erstmal meine Einkäufe.

Mit der Annäherung an Santiago änderte sich auch wieder der Charakter der Ortschaften. Die kleinen Weiler mit ihren Bauernhöfen wichen Dörfern mit neugebauten Einfamilienhäusern. Der Camino umgeht den Flugplatz von Santiago im Norden. Dort traf ich an einem Gedenkstein eine junge Japanerin. Ich muss gestehen, dass auf meinen Reisen Japaner immer diejenigen waren, deren Reiselust mich am meisten beeindruckt hat: Selten sprechen sie Fremdsprachen, mit einigen wenigen Brocken der jeweiligen Landessprache wagen sie sich tief in ihnen unbekannte Länder und profitieren dabei von ihrer ruhigen und respektvollen Art. Wir unterhielten uns kurz, dann liefen wir weiter. Genauso wie ich genoss sie es, den Weg alleine zu beschreiten. Ihre (geschätzten) 150 cm Körpergröße und meine langen Beine waren ohnehin inkompatibel, und ich ließ sie bald hinter mir. Ich war ihr keine zwanzig Meter voraus, als sie zu singen begann. Leise, sanft, melodisch. Wie ihr ganzes Auftreten. Wir sollten uns nicht zum letzten Mal begegnet sein.

Gegen zwei Uhr am Nachmittag erreichte ich den Monte do Gozo. Das Denkmal, das die Stadt Papst Johannes Paul II. aus Anlass seines Besuches aufgestellt hat, verschandelte die Landschaft wirklich in dem Maße, wie es die mir bekannten Pilgerführer beschrieben hatten. Abseits des Weges fand ich jene Stelle, von der aus Generationen von Pilgern zum ersten Mal die Türme der Kathedrale erblicken konnten. Eine übergroße Statue zweier Pilger in traditioneller Kleidung stand an diesen Ort.

Ich dachte an die Generationen von Pilgern, die vor mir an diesem Ort gestanden haben. Ihre Reise hatte nicht an einem Flughafen zu Füßen der Pyrenäen begonnen. Sie waren von zuhause aufgebrochen, hatten in einer Zeit, in der ein heutiger Feldweg als gut ausgebaute Straße galt, Gebirge überschritten, hatten Wind und Wetter, Regen, Schnee und Kälte, Wegelagerern und Krankheiten getrotzt. Zum ersten Mal in den Monaten ihrer Reise, nach all den Entbehrungen sahen sie nun ihr Ziel. Diese Freude konnte ich nachvollziehen. Nach mehr als 760 km stand ich dort und hatte Tränen in den Augen.

Mir fiel die Geschichte von dem Mönch ein, der ein Leben lang nach Gott gesucht hatte. Eines Tages lief er in ein Dorf und fragte einen Bauern, der sein Feld bestellte, ob hier Gott wohnen würde. Zu seiner maßlosen Überraschung bejahte der Mann dies und beschrieb ihm den Weg zu Gottes Haus. Der Mönch eilte dorthin. Er stand vor dem Tor des Hauses. "Hier wohnt Gott" stand in großen Lettern über einem Türklopfer. Er hob ihn an … und setzte ihn ganz vorsichtig wieder ab. Bemüht, keinen Laut zu hinterlassen, verließ der Mönch die Siedlung, streifte weiter durch das Land und suchte nach Gott.

Santiago de Compostela ist seit Jahrhunderten das Ziel der Pilgerfahrten auf den Jakobswegen. Für mich war es nur eine Station meines Weges. Am nächsten Morgen jedoch würde ich die Stadt wieder verlassen, in den Hügeln im Westen verschwinden und weiterlaufen. Bis nach Finisterre, bis ans Ende der Welt. Aber das war in diesem Augenblick nicht wichtig. Ich saß über eine Stunde in der Sonne zu Füßen der beiden Pilger und blickte hinunter in die Stadt.

Der Weg in die Stadt hinein führte durch den verlassenen Tourismuskomplex am Monte de Gozo. Hier gab es eine Herberge, die mehreren Hundert Pilgern Platz bieten konnte. An diesem Tag war das Areal verlassen, wären noch ein paar vertrocknete Steppenläufer durchs Bild gerollt, hätte man sich fast in einer Geisterstadt des wilden Westens glauben können.

Gegen vier Uhr erreichte ich den historischen Stadtkern und stand an der Hinterseite der Kathedrale. Die Markierungen des Jakobsweges hatte ich unterwegs irgendwann aus den Augen verloren, die Türme der Kathedrale waren jedoch trotz der Enge der alten Gassen häufig genug zu sehen, um als Orientierungshilfe zu agieren. Ein Xylophonspieler spielte auf der anderen Straßenseite und lieferte die musikalische Untermalung für mein Eintreffen.

Ich lief um das Gebäude herum und machte mich auf die Suche nach dem Portal. Der romanischen Fassade, das Pórtico de la Gloria (Glorientor) aus dem 12. Jahrhundert, war im 18. Jahrhundert eine barocke Fassade vorgesetzt worden, ohne die ursprüngliche (deutlich schlichtere) Architektur zu verändern.

Ich wollte gerade die Stufen emporsteigen, als ich jemanden meinen Namen rufen hörte. Ich drehte mich um und sah Jesús über die Praza do Obradoiro auf mich zukommen. Er hieß mich in Santiago willkommen. Obwohl wir die letzten Nächte zusammen verbracht hatten, hatten wir uns nie viel unterhalten. Mein rudimentäres Spanisch war weder seinem Dialekt noch seinem Wortschwall gewachsen. Wir waren uns beiden dessen bewusst, verstanden uns in diesem Augenblick aber auch ohne Worte: Wir freuten uns darüber, dass wir es bei guter Gesundheit bis hierher geschafft hatten.

Ich betrat die Kathedrale. An der Jakobussäule inszenierte ein Pärchen den Ritus, den ankommende Pilger seit Jahrhunderten vollführten: Sie kniete vor der Säule nieder, legte ihre Hände auf die Füße des Jakobus und berührte mit ihrem Kopf die darunter befindliche Statue des Baumeisters Mateo. Er fotografierte ihre (gespielte?) Demut. Ihre Kleidung sah allerdings nicht so aus, als ob sie diese die letzten Tage und Wochen getragen oder in einem Rucksack verstaut gehabt hatten.

Ich wartete, bis sie weitergezogen waren. Nun hatte ich die Säule für einen kurzen Moment für mich alleine. Ich legte meine Hand an ihre Seite und begriff in diesem Augenblick, dass ich es vollbracht hatte: Ich hatte den Norden Spaniens zu Fuß durchquert. Eigentlich sollte einem in diesem Augenblick ein besonderer Gedanke durch den Kopf schießen. Ich dachte nur: "Geschafft." Manche Ereignisse brauchen keine großen Reden.

Ich drehte eine ruhige Runde durch die Kathedrale. Der barocke Verzierungswahn hat nicht viel von der schlichten Schönheit der romanischen Kirche übriggelassen. Und trotzdem: Eine Atmosphäre der Andacht und des Friedens lebte in den alten Mauern.

Ich verließ die Kathedrale und machte mich auf die Suche nach dem Pilgerbüro. Dort erhielt ich meine Compostelana, die Pilgerurkunde, die die erfolgreiche Pilgerschaft nach Santiago de Compostela bescheinigt. Und ich fragte nach den Herbergen. Diesbezüglich erhielt ich keine guten Nachrichten: Zwei der drei Herbergen in der Stadt waren mangels Pilger oder wegen Renovierung geschlossen, die einzig offene lag im Osten und weit vom Zentrum entfernt.

Die nächste Herberge lag dann erst wieder am gerade passierten Monte do Gozo. Man empfahl mir, in ein Hostal zu gehen. Fast direkt gegenüber dem Pilgerbüro gäbe es ein schönes, und dort wäre vielleicht noch ein Zimmer frei.

Schnell war die entsprechende Haustür gefunden, und tatsächlich konnte mir die Besitzerin, eine junge Frau, noch ein Doppelzimmer anbieten. Zu meiner Überraschung überließ sie mich nicht meinen Verrenkungen in der spanischen Sprache, sondern stellte sich als Maria vor und begrüßte mich in fließendem Englisch mit britischem Akzent. Maria erzählte mir, dass sie über ein Jahr in London gelebt habe; diese Zeit hatte offensichtlich ihre Spuren hinterlassen.

Die Architektur dieser Dreizimmerwohnung (sie bewohnte eines und vermietete die beiden anderen an Gäste) schien auf einem nicht besonders durchdachten Bauplan begründet zu sein: So lag das Bad zum Beispiel direkt an der Wand zum Nachbarhaus, wies aber trotzdem ein Fenster auf. Licht kam durch dieses Fenster keines herein, aber zumindest war diese Öffnung besser als gar keine Lüftung.

Ich ließ meinen Rucksack zurück und brach zu einer Erkundung der Stadt auf. Das Tourismusbüro Galiciens hatte geschlossen; im städtischen Pendant erhielt ich jedoch einen Stadtplan inklusive handschriftlicher Ergänzungen, wo ein Internetcafe zu finden sei, Fahrpläne der Busse von und nach Fisterra sowie zum Flughafen und Telefonnummern der Herbergen. Es war der 23. Dezember, und bevor mir niemand bestätigt hatte, dass die Herbergen auf dem Weg ans Cap Finisterre auch geöffnet hatten, wollte ich nicht aufbrechen. Ich erreichte schließlich die Hospitalera in Fisterra, die mir bestätigte, dass die Herbergen das ganze Jahr über und selbstverständlich auch an den Weihnachtstagen für Pilgern geöffnet hatten.

Ich setzte meinen Stadtbummel fort und suchte nach einer Einkaufsmöglichkeit. Statt einer solchen fand ich nahe der Kathedrale meine kleine, fröhliche und ein klein wenig orientierunglose Japanerin. Genauso wie ich hatte sie auf dem Weg nach Santiago hinein irgendwo die Markierungen aus den Augen verloren und suchte nun nach dem Pilgerbüro. Es lag nur wenige Minuten zu Fuß entfernt, ich zeigte ihr den Weg.

Außerhalb der Altstadt fand ich nach längerer Suche endlich einen Supermarkt (diese sollten unbedingt auch auf den Stadtplänen der Tourismusbüros eingezeichnet werden), in dem ich mich mit Proviant für die verbleibenden drei Tage und Leckereien für den Abend eindeckte. Vollgepackt macht ich mich auf den Rückweg zu meinem Hostal und traf wieder auf meine Japanerin. Bewaffnet mit einem Stadtplan und einem Verzeichnis von Hostals machte sie sich in der inzwischen eingebrochenen Dunkelheit daran, ein Bett für die Nacht zu finden. Gemeinsam durchforsteten wir den Stadtplan und fanden die Straßen, in denen die freien Quartiere zu finden waren. Sie zog weiter in Richtung ihres Nachtlagers, ich ging zurück zu meinem und unternahm dort erstmal etwas gegen den abendlichen Hunger. Mein Zimmer bot eine nette Aussicht aus großen Fenstern auf die Rúa de Vilar, die passende Aussicht für diesen Abend.

Ich musste noch meine Heimreise organisieren. Also machte ich mich auf die Suche nach einem Internetcafé; nach mehreren Runden durch die engen Gassen Santiagos wurde ich dann auch fündig. Ich hatte es geschafft, trotz der in meinem Stadtplan eingezeichneten Adresse mehrmals an dieser hier vorbeizulaufen. Seit Ponferrada hatte ich nun zum ersten Mal die Gelegenheit, meine eMails zu lesen und verbrachte einige Zeit damit, die ganzen Weihnachtswünsche zu beantworten. Wie nach jeder längeren Reise war auch diesmal Verbesserungsbedarf an meiner Ausrüstung aufgekommen, ich bestellte fehlende Teile; so würden sie dann bei meiner Rückkehr bereits auf mich warten. Bis zum Kap Finisterre würde ich noch drei weitere Tage brauchen, ich buchte den Rückflug für den Abend des vierten.

Es war Nacht, als ich das Internetcafé verließ. Noch immer waren viele Menschen in den Straßen unterwegs. Ich genoss das winterliche Treiben und machte mich auf den Rückweg zu meinem Hostal. Unterwegs in den Straßen traf ich wieder auf die kleine Japanerin. Sie hatte inzwischen ein Hostal gefunden, hatte sich gestärkt und wandelte jetzt genauso wie ich durch die nächtlichen Straßen der Stadt. Sie wollte den nächsten Tag in Santiago verbringen, am Morgen die Pilgermesse besuchen und erst später weiter ans Kap Finisterre laufen. Wir unterhielten uns kurz und gingen dann beide unserer Wege in der nächtlichen Stadt.

Müde saß ich am Fenster meiner Herberge und blickte hinunter auf die Straße. Ein Teil von mir wollte an diesem Abend nach Hause. Meine Wanderschuhe waren am Auseinanderfallen und unterwegs schon mehrfach geflickt worden, ich wollte sie endlich in den wohlverdienten Ruhestand schicken. Ich wollte endlich wieder saubere Kleidung tragen und nicht nur die, die ich seit Wochen zum Waschen mit unter die Dusche genommen hatte. Ich wollte wieder in einem gemütlichen Bett schlafen, die Füße hochlegen und alle Anstrengungen vergessen.

Ein anderer Teil wollte weiterlaufen. Der Weg hierher war geprägt gewesen von Begegnungen, Berührungen ähnlich gearteter Seelen, von Zeitlosigkeit, Geschichte, Spiritualität und Transzendenz. Die Generationen von Pilgern, die vor mir diesen Weg gegangen waren, waren allgegenwärtig auf meiner Wanderung. Nein, ich war noch nicht bereit, diesen Weg enden zu lassen.

Negreira

"Frohe Weihnachten." Das war mein Gedanke, als ich gut ausgeschlafen aus meinem Schlafsack kroch. Da mein Fenster unter einem Torbogen lag, war bisher nur wenig Tageslicht in mein Zimmer gedrungen. Es schadete nicht: Die kommende Etappe nach Negreira war nicht besonders lang, und Maria hatte sich ohnehin bis mindestens zehn Uhr morgens Ruhe im Haus erbeten. (Spanier sind ganz schlechte Frühaufsteher. Ich finde das symphatisch.)

Ein Blick aus dem Fenster zeigte nassen Asphalt. Galicien ist bekannt für seine häufigen Niederschläge, aber der Wetterbericht hatte für die nächsten Tage schönstes Dezemberwetter ohne eine einzige Regenwolke versprochen. Ich trauerte gerade noch dem schönen Wetter der letzten Tage nach, als ein Wagen der Stadtreinigung vorbeifuhr und das Pflaster erneut wusch. Mein nächtlicher Regen entpuppte sich so als feuchte Straßenreinigung.

Ich sammelte meine Ausrüstung zusammen und brach kurz vor elf Uhr auf. Tatsächlich war der Himmel wolkenlos, die Luft klar und kalt, als ich an der Kathedrale vorbei nach Westen aus der Stadt lief. Auf meinem bisherigen Weg hatte es mich immer verwundert, wie langwierig und hässlich der Weg von Osten in eine Stadt hinein sein kann, und wie grün und kurz er gen Westen wieder hinausführt. In Santiago war es genauso: Am Parador vorbei stieg ich in die Unterstadt ab und ging durch enge Gassen mit hohen Häusern. Ich passierte einen Park, an dem der erste Meilenstein die verbleibende Entfernung nach Muxía anzeigte.

Von Santiago de Compostela führt ein weiterer Weg nach Westen, der sich etwa 30 km vor dem Kap Finisterre gabelt: Der südliche Zweig führt ans Ende der Welt, der nördliche nach Muxía. Der Legende nach wurde dort der

Leichnam Santiagos an Land gebracht, bevor er in der Kathedrale seine ewige Ruhe fand. Mein Ziel war jedoch Fisterra.

Ich überquerte einen Fluß und wurde schnell von den Büschen der galicischen Hügel verschlungen. Die Vororte Santiagos unterschieden sich von den galicischen Dörfern, durch die ich bisher gelaufen war. Dies hier waren typische Vororte einer Großstadt, moderne Reihenhäuser hatten die jahrhundertealten Höfe ersetzt. Baustil und Größe der Grundstücke wiesen auf den Wohlstand ihrer Besitzer hin.

Gemütlich zog ich weiter nach Westen. In einem der kleinen Dörfer, durch das ich kam, mähte jemand gerade den Rasen seines Vorgartens. Der Duft von frisch geschnittenem Gras lag in der Luft, es roch nach Sommer. Die Atmosphäre passte ganz und gar nicht zum Mittag eines 24. Dezembers, wie man ihn in Deutschland gewohnt ist.

Es war warm, solange man in der Sonne blieb. Zumindest warm genug, um mit nur einer Schicht Fleecebekleidung auszukommen. An Orten, die die Sonne mit ihren Strahlen nicht erreichte, blieb der Raureif den ganzen Tag über liegen.

Kurz vor Ventosa überholte ich ein spanisches Pärchen. Die beiden waren an diesem Morgen in Santiago gestartet und wollten in vier Tagen nach Muxía und Fisterra laufen. Sie gingen noch gemütlicher als ich und fielen schnell hinter mir zurück.

Am frühen Nachmittag erreichte ich Negreira. Die Stadt lag in einen weihnachtlichen Nachmittagsschlaf. Die Geschäfte waren geschlossen, aus einsamen, an den Straßenlaternen festgebundenen Lautsprechern erschallte Weihnachtsmusik. Ich durchquerte die Stadt und überquerte den Fluß Barcala;

die Herberge lag in einer kleinen Siedlung auf den westlichen Hügeln. Sie war ein kleines Schmuckstück.

Im Erdgeschoß gab es einen hellen Aufenthaltsraum mit Getränke- und Kaffeeautomat, eine kleine Küche und große, saubere Waschräume. Im Dachgeschoß befanden sich zwei Räume mit je acht Einzelbetten, jeder der Räume lief am Ende in einen Erker aus, der einen Ausblick über das Tal bot. Die Heizung war ausgeschaltet, die Wintersonne hatte die Herberge aber etwas aufgewärmt. Ich stellte mich unter die Dusche und genoss das heiße Wasser.

In den letzten Wochen war ich zumeist mit den letzten Sonnenstrahlen in den Herbergen eingelaufen, jetzt hatte ich richtig Zeit. Als ich gerade damit beginnen wollte, mir eine Kleinigkeit zum Abendessen zu kochen, traf das spanische Pärchen ein. Die zwei planten, noch mal in den Ort zu laufen und dort essen zu gehen; die Gelegenheit zu einem gemeinsamen Mal hatte sich damit zerschlagen. Mein Weihnachtsessen bestand dann aus Nudeln mit Brokkoli-käsesoße, zum Nachtisch gab es eine Tafel Schokolade.

Nebel zog vom Fluß auf und verschlang die Stadt. Es wurde kalt, und so beschloss ich, mich in meinen Schlafsack zu verkriechen und Tagebuch zu schreiben. Zum ersten Mal seit elf Jahren verbrachte ich Weihnachten nicht im Kreise meiner Familie.

Damals bin ich zur See gefahren und feierte Weihnachten irgendwo nahe des Kap Frío vor der brasilianischen Küste. Unser Koch hatte sich selbst verausgabt und ein aufwendiges Weihnachtsmenü gezaubert. Der Kapitän hielt eine kurze Rede, bevor wir gemeinsam speisten. Wir Auszubildende hatten einen Chor gebildet und sangen mehr schief als richtig Weihnachtslieder. Wir führten im Anschluss daran ein Theaterstück auf, dass so gut ankam, dass wir Angst haben mussten, dass die Lachkrämpfe bei unserem Kapitän und seinem ersten Offizier gesundheitliche Schäden verursachen könnte. Unser Schiff hieß "Cap Finisterre". Dieses Weihnachten auf See war eine der schönsten Weihnachtsfeiern gewesen, die ich je erlebt hatte. Aufgrund dieser Zeit war dieser Weg so wichtig für mich: Zehn Mal war ich an dieser Halbinsel, die in den Atlantik hineinragt, am Horizont vorbeigefahren. In zwei Tagen würde ich sie zu Fuß erreichen.

Diesmal saß ich alleine im Dormitorio einer Herberge in Galicien und genoss die Reste besagter Tafel Schokolade und die isolierenden Eigenschaften meines Schlafsacks, der meine Beine schön warm hielt. Zum ersten Mal in meinem Leben verbrachte ich Weihnachten alleine.

Ich hing gerade meinen Gedanken nach und versuchte, sie in meinem Tagebuch festzuhalten, als ich eine Stimme im Erdgeschoß hörte. Die Hospitalera kam gegen acht Uhr am Abend die Treppe hoch, um nach den Pilgern zu sehen. Sie stempelte mein Credential und lud ihre Pilger zum Weihnachtsessen ein. Autsch: Ich hatte mich gerade an einem Berg Nudeln satt gefuttert, meine beiden Mitpilger waren mangels anderer Möglichkeiten in der Stadt essen gegangen. Mal wieder war mir mein deutscher Magen in die Quere gekommen, Hunger für ein gegen neun Uhr beginnendes Festmahl aufzusparen, war mir nicht in den Sinn gekommen. Ich erläuterte ihr die Situation und dankte ihr vielmals für die Einladung, blieb am Ende aber in der Herberge. Meine Gedanken waren mir an diesem Abend angenehmere Gesellschaft als eine wildfremde Familie.

Alleine? Nein, eigentlich war ich nicht alleine. Eigentlich bin ich auf meiner ganzen Wanderung nie alleine gewesen. Die Tausende und Abertausende Pilger, die vor mir diesen Weg gegangen waren, von ihnen ist etwas zurückgeblieben und hat die Pfade ans Ende der Welt imprägniert. Ihre

Geister hatten mich begleitet, mir Trost gespendet, mich aufgebaut und inspiriert.

Ich hatte viel Zeit zum Nachdenken an diesem Abend. Ich war auf dem richtigen Weg. Auf meinem Weg. Um nichts in der Welt wäre ich an diesem Abend lieber an einem anderen Ort gewesen als an diesem. Fast 800 km hatte ich hinter mir. Zwei weitere Tage lagen noch vor mir. Danach würde ich mich ausruhen und mich auf den Moment freuen, an dem ich wieder in die Welt hinausziehe.

Das Ziel dieses Weges war nie Santiago de Compostela oder jenes Kap am Ende der Welt. In erster Linie führt dieser Weg zu sich selbst. Man hört nie auf, ihn zu gehen, stattdessen wird man ein Teil von ihm. Einer jener Geister, die in den Hügeln leben und ewig wandern. Auch von mir wird ein Teil zurückbleiben, und der Rest wird sich vollständiger fühlen.

Vor einigen Tagen habe ich an einer Hauswand ein Graffiti gesehen. Ein Pilger hatte seiner Freundin dort in großen Lettern gestanden, dass sie nun sein Camino sei. Sein Weg. Eine schöne Art, Liebe zu umschreiben.

Olveiroa

Je weiter man nach Westen kommt, desto später geht die Sonne auf. Zumindest solange man es vermeidet, von einer Zeitzone in die andere zu stolpern. Zwar kroch ich erst gegen acht Uhr aus meinem Schlafsack, die Hügel Galiciens lagen aber noch in tiefer Dunkelheit. Ich stopfte meine Ausrüstung wieder in meinem Rucksack. Die gestern unter der Dusche gewaschene Kleidung war dank der quer durch den Giebelerker gespannten Wäscheleine auch wieder trocken geworden. Da ich unterwegs auf keinen einzigen offenen Laden treffen würde (auch in Spanien ist der 25. Dezember ein Feiertag), steckte ich noch eine Dose Cola aus dem Automaten im Aufenthaltsraum in meinen Rucksack und verließ gegen halb neun die Herberge.

Die Sonne kroch gerade über den Horizont und bemühte sich redlich, den Nebel zu vertreiben. Der weitere Weg führte mich aus dem Dorf hinaus in die Hügel, schon bald hatte ich gegenüber dem Talboden genügend Höhenmeter gewonnen, um dem kalten Nebel zu entkommen.

Die Landschaft war geprägt durch sanfte Hügel, Waldstücke, Felder und kleine Dörfer. Die alten Höfe und Häuser dominierten wieder den Baustil, Neubauten hatten sich daruntergemischt, versuchten aber sich farblich anzupassen.

Es wurde ein Tag der Begegnung mit Hunden. Erfreulich wenige waren angebunden oder wurden durch Zäune und Tore am Verlassen ihres Grundstückes gehindert. Freundlich stürmten sie auf mich zu, um das neue Element in ihrer kleinen Welt genauer kennenzulernen. Ich erkannte an ihrer Körpersprache, dass Neugierde und nicht Aggressivität ihre Motivation war, und war manchmal fast enttäuscht, wenn ihre Besitzer sie zurückriefen. Ein junger Schäferhund war so erfreut mich zu sehen und sich ein paar

Streicheleinheiten abzuholen, dass er nicht nur mit dem Schwanz, sondern mit dem ganzen Körper zu wedeln schien. Sein älterer und kleinerer Arbeitskollege übernahm dann doch noch die Aufgabe des Wachhundes und kündigte meine Anwesenheit mit erbostem Gebell an, während Junior sich genüsslich kraulen ließ.

In Vilaserío gab es eine Notherberge. Ich traf gegen Mittag dort ein, viel zu früh, um dort die Nacht zu verbringen, wollte mir aber die Unterkunft ansehen. Das alte Schulhaus war seines Unterrichtsmobilars beraubt worden, nur die verrostete Schaukel im Vorgarten erinnerte daran, dass hier früher tagtäglich Kinder anwesend gewesen sind. Zwar gab es keine Küche, aber ein Boiler und Duschen waren installiert worden, mehrere Dutzend an die Wand gelehnte Matratzen warteten auf müde Pilger, und liebevoll arrangierte Blumentöpfe versuchten, eine heimelige Atmosphäre zu verbreiten. Ich musste schmunzeln, als ich die Tür wieder hinter mir verschloss und weiter nach Westen lief.

Zu den Hórreos muss ich noch ein Wort verlieren. Galicien weist außerhalb größerer Siedlungen keine nennenswerten Monumente auf; die Aufgabe, herausragende Architektur auf engerem Raum konzentriert zu zeigen, hat für diese Provinz Santiago de Compostela übernommen. Umso prägnanter fallen die Hórreos auf. Dies sind Maisspeicher: Langgestreckte, schmale Häuschen, zwischen deren durchbrochenem Mauerwerk der Wind hindurchpfeifen und in denen die Ernte trocken lagern kann. Sie stehen auf Stelzen, zwischen diesen und dem Boden des Speichers befinden sich noch runde Steinplatten. Diese Konstruktion verhindert, dass Mäuse in die Speicher klettern und sich an der Ernte kugelrund futtern können. Zu meinem Amüsement musste ich feststellen, dass sich auf den Steinplatten auch gerne Katzen niederlassen, die entweder die erhobene Position als Ausguck nutzen, sich über diese sehr sonnigen Plätze freuten oder einfach nur dankbar waren, dass sie mal ein paar stressfreie Stunden ohne die Gegenwart von galicischen Landmäusen verbringen konnten. So, wie ich Katzen einschätze, war es eine Mischung aus allen dreien.

Nach einem gemütlichen Tag erreichte ich gegen fünf Uhr am Nachmittag Olveiroa. Die Herberge dort war ein Schmuckstück. Ein originaler Bauernhof war in liebevoller Kleinarbeit wieder hergerichtet worden und bot nun Pilgern ein Dach über dem Kopf. Einer der drei Langbauten beinhaltete das Büro, in dem mir abends die Hospitalera mein Credential stempelte, eine Küche mit riesigem Holzofen und angegliedertem Speisezimmer sowie Stallungen für die Pilger, die zu Pferde unterwegs waren. (Unterwegs war mir ein einziges Mal in der Meseta del Norte eine Herberge aufgefallen, die außerhalb des Dorfes eine Koppel mit einem Offenstall hatte, der für Pilgerpferde reserviert war. Hier gab es sogar richtig urige Stallungen.) Matratzen für Pilger stapelten sich in einer der Boxen. Komfortabel: Meine Nächte im Stall hatte ich immer auf ein paar Strohballen verbracht.

Ein weiterer Langbau beinhaltete zwei Dormitorios (einer im Erdgeschoß, der andere im ersten Stock) sowie die Waschräume. Das dritte Gebäude mit weiteren Schlafräumen war aufgrund des winterlichen Pilgermangels geschlossen. Die Häuser hatten von außen ihre Fassaden aus Naturstein erhalten, innen waren sie dick verputzt worden, damit Strom- und Wasserleitungen verdeckt verlegt werden konnten. Alles in allem war dieser Ort einfach nur gemütlich.

Aber leider nicht besonders gut geheizt. Frierend kochte ich mir mein obligatorisches Abendessen, bevor ich mich mit Stirnlampe bewaffnet in den Schlafsack verkroch und Tagebuch schrieb. Gegen sieben Uhr trafen die beiden

Spanier ein. Zu ersten Mal fiel auf der Kontrast zwischen ihnen auf, sie war in gleichen Maß introvertiert wie er extrovertiert war. Sie baten mich um Hilfe beim Reduzieren ihres Reiseproviants, und so verbrachten wir den Abend damit, uns zu unterhalten und Nüsse zu knabbern.

Die Nacht hüllte Galicien in Dunkelheit, und der Schlafraum wurde kalt und dunkel. Wir krochen früh in unsere Schlafsäcke, legten noch ein paar Decken darüber und schliefen ein.

Cabo Finisterre

Die kleinen Fenster des Dormitorios ließen das Tageslicht nur widerwillig hinein und ließen uns daher etwas länger schlafen. Die Spanier brachen gegen halb neun auf, heute würden sich unsere Wege trennen: Sie gingen nach Muxía, ich wollte nach Fisterra. Ich sah sie nicht mehr wieder.

Kurz nach ihrem Aufbruch hatte auch ich meinen Rucksack gepackt, die letzten Reste meines Proviants in die Hosentaschen gestopft und trat hinaus in den erwachenden Morgen. Der Wetterbericht hatte Recht behalten: Der Wind hatte gedreht, und nun verhüllten kleine, dünne Wolken den blauen Himmel der letzten Tage. Zwar lag in den Morgenstunden noch Raureif auf den Feldern, aber die Luft fühlte sich deutlich wärmer an.

Shakespeare kam mir mal wieder in den Sinn, sein Heinrich V., der mit dem Ruf "Noch einmal stürmt, noch einmal, meine Freunde!" sein Heer im Sturm auf Harfleur anfeuerte. Noch einen Tag zu Fuß, und die Nacht würde ich am Atlantik verbringen.

Bald erreichte ich Hospital de Logoso und die hinter dem Ort liegende Hochofenfabrik. Der braundreckige Moloch lag wie die Metastase eines Krebsgeschwürs in den Hügeln. Hier gabelte sich der Weg: Nach rechts ging es nach Muxía, ich wandte mich nach links und folgte der Landstraße. Die Fabrik entzog sich meinen Blicken, bald wanderte ich durch eine Heidelandschaft auf Cée zu. Waldbrände hatten in dem Gebiet ihre Spuren hinterlassen. Die verkohlten Skelette verbrannter Büsche ragten anklagend in den Himmel, an den überlebenden Bäumen schälte sich die Rinde. An diesem Tag habe ich gelernt, dass auch Bäume Brandblasen bekommen können. Ich hoffe, sie überleben diese Verletzungen.

Von den Hügeln über Cée aus sah ich zum ersten Mal den Atlantik, das Ziel meiner Reise. Der Himmel begann aufzureißen, die dünnen Wolken des Morgens lösten sich auf und hinterließen immer größere Flecken blauen Himmels. Ich stieg aus den Hügeln nach Cée ab, suchte mir einen Supermarkt und füllte meinen vollkommen leeren Proviantbeutel. Mit meiner Beute zog ich an die Promenade, suchte mir eine leere Bank, ließ mir den Seewind um die Nase pusten und füllte meinen Bauch.

Eine Krähe hatte sich im Watt einen Krebs aus dem Schlick gezogen und wollte ihn verspeisen. Eine Möwe war mit diesem Eindringen in ihr Jagdgebiet alles andere als begeistert und ging in bester Jagdfliegermanier zum Angriff über. Immer tiefer schoss sie über die Krähe hinweg, wandelte anschließend mit wenigen unterstützenden Flügel-schlägen Geschwindigkeit in Höhe um, wendete und ging wieder zum Angriff über. Die Krähe wollte sich zwar erbost zum Gegenangriff abheben, musste sich aber jedes Mal platt ins Watt ducken, wenn die Möwe wieder in Ameisenkniehöhe angesaust kam. Hartnäckig waren beide: Die Möwe mit ihren Angriffen, die Krähe mit der Verteidigung ihrer Beute. Wie das Duell ausging, habe ich nie erfahren, denn nach einer halben Stunde begeistertem Betrachten der Flugkünste des Seevogels lief ich weiter.

Zwischen mir und dem Kap lag noch eine Halbinsel, an ihrem östlichen Ende liegt der Ort Corcubión. Hier verlor ich erstmal die Markierungen des Jakobsweges aus den Augen. Ich folgte also der Beschreibung meines Pilgerführers und stieg die Landstraße entlang den Berg hinauf. Dies war kein ungefährliches Unterfangen, denn den Berg hinunterkommende Lastwagen schnitten schon mal die Kurven und rechneten nicht mit Pilgern auf dem Randstreifen.

Auf der Passhöhe angekommen fand ich auch meine gelben Jakobuswegpfeile wieder. Zwischen den Bäumen hindurch war nun zum ersten Mal das Kap zu sehen, ein warmer Wind wehte aus Südwesten. Ich passierte Amarela und Estorde, erklomm hinter Sardiñeiro erneut die Hügel und stieg auf der anderen Seite in eine Bucht hinunter. Diese hätte richtig malerisch sein können: Tief in die umgebenden Felsen eingeschnitten lag ein kurzes Stück Sandstrand, auf dem sich leider der Müll stapelte, den entweder vorherige Besucher dort hinterlassen oder das Meer angeschwemmt hatte.

Ich stieg zurück in die Hügel und erreichte von dort bald jenen Strand, der langgezogen durch die Bucht nach Fisterra führt. Am Wasser entlang lief ich auf das Fischerdorf am Ende der Welt zu. Im Sand fand ich doch tatsächlich Jakobsmuscheln, ähnlich der, die seit 25 Tagen meinen Rucksack zierte. Meine Mutter hatte mich gebeten, ihr eine Muschel vom Ende meiner Reise mitzubringen. Eine weitere sammelte ich für meine Großmutter, eine dritte für meinen Vater. Nach meiner Rückkehr habe ich diese auf seinem Grab zwischen die Blumen gelegt. Sie liegt noch heute dort.

Ich erreichte Fisterra und machte mich auf die Suche nach der Herberge. Wie beschrieben, lag sie direkt am Hafen. Ein französisches Pärchen verließ diese gerade und erzürnte sich darüber, dass sie als Pilger keine Aufnahme gefunden hatten. Nanu? Ich hatte doch extra vor meinem Abmarsch aus Santiago de Compostela angerufen, und mir war bestätigt worden, dass die Herberge geöffnet war. Meine Verwunderung legte sich bald: Die Hospitalera bat um die Vorlage meines Credentials und erklärte mir dann, dass nur Pilger, die zu Fuß von Santiago hierher gekommen waren, auch in der Herberge übernachten dürfen. Die beiden Franzosen hingegen waren zwar nach Santiago gelaufen, hatten den Weg nach Fisterra jedoch mit dem

Auto zurückgelegt. Mein Credential hatte, was ihrem fehlte, und zwar die Stempel der Herbergen in Negreira und Olveiroa.

Ich ließ meinen Schlafsack und den Beutel mit Kleidung auf einem Bett in der Herberge zurück und machte mich mit einem deutlich leichteren Rucksack auf dem Rücken daran, die letzten drei Kilometer zurückzulegen. Ich verließ den kleinen Ort und folgte der Straße, die sich den Osthang des Kaps hinaufschlängelte. Schon bald konnte ich den Leuchtturm an seinem Ende sehen. Auf halber Höhe passierte ich die Statue eines Pilgers, der sich traditionell gekleidet gegen den Wind stemmte. Er hielt für einen kurzen Augenblick meinen Rucksack und verhinderte so, dass dieser den Hang hinunterpurzelte, während ich die Regenjacke überzog.

Ich erreichte das Kap bei Sonnenuntergang. Eine Welle der Freude durchströmte mich und spülte mich weiter. Neben dem Leuchtturm stand der letzte der Markierungssteine, die mich seit Santiago de Compostela begleitet hatten. "0,000 km" stand auf seiner Messingplakette. Die Freude in mir wurde immer größer und entwich mit einem lauten Schrei.

Ein kleines Stückchen Weg gab es noch. Der Pfad umging den Leuchtturm und das Haus mit den großen Nebelhörnern und endete neben einem steinernen Kreuz. Ein metallener Wanderschuh stand auf einem Fels und erinnerte an alle, die je hierher gelaufen waren. Jemand hatte mit jener gelben Farbe, mit der der Jakobsweg von Anfang an markiert gewesen war, eine Botschaft auf dem Felsen hinterlassen. Ein Pfeil zeigte nach Westen, darunter stand: "5'000 km. Ultreia."

Ultreia. Jener Gruß, mit dem sich die Pilger seit Jahrhunderten eine gute Reise wünschten. Hier war der Weg zu Ende. Östlich von mir lag die Bucht, südlich und westlich der Atlantik. Nördlich der Weg, den ich gerade gekommen war. Zum ersten Mal in meinem Leben endete ein Weg auch wirklich. Zu Fuß ging es hier nicht weiter. Das war Finis Terrae, das Ende der Welt.

Ich lehnte meinen Rucksack an einen Felsen und setzte mich. 863 km waren es gewesen, seitdem ich vor scheinbar ewig langer Zeit an einem kleinen Flughafen zu Fuße der Pyrenäen mein Flugzeug verlassen hatte. Mein alter Freund der Atlantik, der während meiner Zeit auf See zu einem Zuhause geworden war, hieß mich willkommen. Warmer Wind strich von Südwesten heran, seine Wellen brachen sich an den Felsen.

Ich war glücklich. Einfach nur glücklich. Shakespeare kam mir wieder in den Sinn: "Wir wenigen. Wir glücklichen wenigen. Wir Schar von Brüdern." Es waren nicht wenige. Es sind Millionen gewesen über all die Jahrhunderte. Ich hatte das Gefühl, sie waren alle da und starrten mit mir hinaus auf den Ozean.

Morgen würde ich den Heimweg antreten. Nun war es Zeit, dem Teil in mir zu huldigen, der mal wieder saubere Kleidung tragen wollte, der die Ausrüstung ausbessern wollte. Meine Wanderschuhe waren verschlissen, an meinem Rucksack rissen die Nähte auf. Am nächsten Tag würde ich morgens noch durch den Hafen bummeln und den Fischern zusehen. Würde mit dem Bus zurück nach Santiago de Compostela und von dort hinaus zum Flughafen fahren. Die nächste Nacht würde ich bereits mehrere tausend Kilometer entfernt in meinem eigenen Bett verbringen.

In diesem Augenblick war das nicht wichtig. Ich saß lange auf diesem Felsen. Ich saß noch da, als die Sonne längst im Meer versunken war. Ich saß noch da, als das Abendrot verblasste und die Sterne am blauschwarzen Nachthimmel erschienen. Ich dachte an den Jungen, der einst dort draußen auf dem Atlantik unterwegs gewesen ist, der sich abends auf dem Vorschiff auf eine Rolle Tauwerk gelegt und den Wind, das Meer und Sterne genossen hat. Der Junge ist noch immer dort draußen. Der Mann, der aus ihm wurde, saß am Kap Finisterre und schaute zu, wie Sirius über ihm durch die Abenddämmerung brach.

Irgendwann bin ich aufgestanden, habe meinen Rucksack geschultert und habe den Rückweg nach Fisterra angetreten. Der Lichtkegel des Leuchtturms durchschnitt die Nacht und streifte immer wieder über die Straße zurück ins Dorf. Auch hier am Kap unterhalb des Leuchtturms blieb ein Teil von mir zurück. Unter den Geistern all jener, die vor mir den Weg gegangen waren und nun auf den Atlantik hinausstarrten, saß nun ein Geist von mir. Wir schauten uns kurz in die Augen, bevor ich ging. Er wird noch sehr lange dort sitzen und auf den Atlantik hinausschauen. Ich denke, ich werde ihn mal besuchen.

Ultreia.

Etappenübersicht

	Datum	Ort	Distanz
		Pamplona Aeropuerto	
1	02.12.2006	Cizur Menor	12,0 km
2	03.12.2006	Lorca	36,4 km
3	04.12.2006	Los Arcos	30,0 km
4	05.12.2006	Logroño	39,0 km
5	06.12.2006	Azofra	37,5 km
6	07.12.2006	Belorado	39,5 km
7	08.12.2006	Atapuerca	37,5 km
8	09.12.2006	Tardajos	36,0 km
9	10.12.2006	Itero de la Vega	43,0 km
10	11.12.2006	Carrión de los Condes	34,0 km
11	12.12.2006	Sahagún	39,5 km
12	13.12.2006	Mansilla de las Mullas	39,0 km
13	14.12.2006	León	19,0 km
14	15.12.2006	Hospital del Orbigo	38,5 km
15	16.12.2006	Rabanal del Camino	41,4 km
16	17.12.2006	Ponferrada	36,0 km
17	18.12.2006	Ruitelán	43,7 km
18	19.12.2006	Triacastela	33,0 km
19	20.12.2006	Portomarín	42,5 km
20	21.12.2006	Mato-Casanova	32,3 km
21	22.12.2006	Santa Irene	41,4 km
22	23.12.2006	Santiago de Compostela	25,8 km
23	24.12.2006	Negreira	23,0 km
24	25.12.2006	Olveiroa	34,0 km
25	26.12.2006	Fisterra	42,0 km
		Gesamtstrecke	876,0 km